KB147689

Interview Strategy

항공객실승무원
면접준비를 위한

알면 쓸모있는

면접전략

석은주 저

(주)백산출판사

　저자는 대한항공 객실승무원으로 입사하여 20여 년 동안 재직하였고 수석사무장과 라인팀장으로 비행업무를 마무리 지었다. 비행 서비스 업무를 하는 동안 고객들이 안전하고 편안한 여행을 할 수 있도록 최선을 다했다. 비행하면서 어렵고 힘들었던 많은 시간도 지금 생각해 보면 대부분 아름다운 추억으로 남는다. 그럴 수 있었던 것은 함께 비행했던 아름다운 동료들 덕분이었다. 비행 중 많은 일들이 있었지만 그중에서도 생명이 위급했던 승객들을 무사히 목적지까지 모시고 갔던 다수의 경험들이 가장 기억에 남는다. 그들을 도울 수 있었음에 감사하고 행복한 경험이었다.

　비행업무를 하면서 승무원을 훈련하는 대한항공의 객실훈련원에서 강사로 근무하면서 많은 신입승무원들의 안전과 서비스에 대한 교육을 하고, 기성승무원들의 안전훈련을 담당하면서 교육과 훈련의 기반을 마련하고 교육의 경험을 쌓을 수 있었다. 신입승무원 채용을 위한 면접장에서의 지원자로, 최종 합격의 기쁨을 안고 입사했던 신입승무원 훈련생으로, 어엿한 승무원이 되어 사무장으로 진급하며 성장해 가는 후배들을 보며 자랑스러움과 감사한 마음이 가득했다.

　승무원의 꿈을 안고 도전하는 그들의 꿈이 얼마나 소중하고 아름다운지 알기에 항공사를 나와 대학에서 비행을 꿈꾸는 학생들을 지도

하게 되었고, 또 다른 보람과 기쁨을 느끼고 있다. 이제는 대학에서 지도했던 제자들이 승무원 후배가 되어 만남을 이어가고 있다. 승무원들을 사랑하고 비행기를 사랑하는 저자는 지금도 하늘에 떠 있는 비행기를 보면 가슴이 뛴다. 이 책을 접하는 분들도 멋진 승무원으로서의 꿈을 꾸기를, 그 꿈을 이루기를, 그 꿈을 지켜내기를 바란다.

그동안 항공사에서의 비행 경험과 훈련 강사로서의 경험, 대학에서의 항공서비스과 학생들을 지도하며 얻은 경험과 노하우를 바탕으로 본 책을 집필하였다. 승무원을 꿈꾸는 많은 분들의 면접 준비에 도움이 되기를 바라면서 이 글을 마친다.

2022년 01월

석 은 주 저자

차례

PART I 항공객실승무원

Chapter 01 항공객실승무원의 이해 ·· 11

제 1 절 항공객실승무원의 개념 • 11

제 2 절 항공객실서비스 직무 특성 • 13

제 3 절 항공객실승무원의 기본 역량 • 14

제 4 절 항공객실승무원의 직무교육 • 23

제 5 절 항공객실승무원의 직급 체계 • 24

PART II 항공사 면접의 이해

Chapter 02 면접의 중요성 ·· 29

Chapter 03 면접의 유형 ·· 32

제 1 절 대면 면접 • 32

제 2 절 비대면 면접 • 33

항공사 기업분석

Chapter 04 항공사별 인재상 ·································· 37

Chapter 05 항공사 기업분석 ·································· 39

제 1 절 대한항공 · 40
제 2 절 아시아나항공 · 44
제 3 절 제주항공 · 49
제 4 절 진에어 · 54
제 5 절 티웨이항공 · 57
제 6 절 에어서울 · 60
제 7 절 에어부산 · 63

항공사 입사지원서 작성 전략

Chapter 06 이력서 ·································· 70

제 1 절 대한항공 · 71
제 2 절 아시아나항공 · 73

Chapter 07 자기소개서 ·································· 77

제 1 절 자기소개서 작성법 · 78
제 2 절 국내 항공사별 자기소개서 · 84

효과적인 면접 전략

Chapter 08 면접 실전 전략 ························· 93

제 1 절 면접 이미지메이킹 · 93
제 2 절 면접 준비 사항 · 98
제 3 절 면접 답변법 · 100

Chapter 09 실전 면접 질문 ······················· 108

제 1 절 개인 신상 관련 질문 · 108
제 2 절 학교 생활 관련 질문 · 110
제 3 절 서비스/객실승무직/항공사 관련 질문 · 111
제 4 절 시사 교양 관련 질문 · 114

Chapter 10 항공사별 기출 면접 질문 ················ 115

참고문헌 · 142

PART

I

항공객실승무원

01
Chapter

항공객실승무원의 이해

항공객실승무원을 꿈꾸는 사람들은 많지만, 객실승무원 그들은 누구이고 어떠한 근무환경에서 어떤 업무를 수행하고 있으며 그 직업은 어떤 장점과 단점을 가지고 있는지 파악하고 준비하는 사람들은 드물다. 멀리서 보이는 화려하고 세련된 모습들, 적지 않은 급여, 다양한 혜택 등이 그들의 전부는 아니다. 승무원을 준비하기 위해서는 승무원에 대해 자세히 알아보고 직무에 대해 파악하여야 제대로 된 채용 준비를 할 수 있고, 채용된 이후에도 항공사에서 잘 적응할 수 있으며 조직에서 사랑받고 인정받는 승무원으로, 서비스 전문가로 거듭날 수 있다.

제1절　항공객실승무원의 개념

많은 사람들이 희망하는 직업 중 하나인 항공사의 객실승무원을 정의하자면 다음과 같다. 대한민국 항공법에는 '항공기에 탑승하여 비상탈출진행

등 안전업무를 수행하는 승무원'이라 정의하고 있다. 또한 영국의 항공법에도 '객실승무원의 자세는 여객의 안전을 위한 업무 수행에 두어져야 한다.'고 정의되어 있다. 객실승무원은 단순히 비행기에서 음료와 식사를 제공하는 업무가 주(主)가 아니라 항공 안전, 승객 안전을 책임지는 사람이라는 것이다.

최초의 객실승무원은 1928년 독일의 Lufthansa Airlines(LH, 루프트한자항공)의 베를린–파리 구간에 남성 객실승무원을 탑승시킨 것에서 시작되었다. 당시 유럽의 분위기가 고급 서비스는 대부분 남성이 하는 것이었음을 생각하면 자연스러운 일이다. 1930년 미국의 보잉항공 수송회사(Boeing Air Transport Co.)에서 간호사였던 엘렌 처치(Ellen Church)라는 여성을 객실승무원으로 채용하였고 승객들로부터 긍정적 반응이 나오면서 7명의 간호사를 추가로 객실승무원으로 채용하였다. 이후 1930년대에 유럽의 항공사들을 중심으로 여승무원의 채용이 본격적으로 확대되었다. 미국 내 항공사들도 경쟁적으로 객실승무원 제도를 채택하였다. 국내에 객실승무원이 소개된 것은 1948년 Northwest Airlines(LH, 노스웨스트항공)에서 한국 취항을 시작하면서 현지 승무원인 한국인 승무원을 채용하면서이다. 객실승무원의 호칭은 여승무원을 Stewardess, 남승무원을 Steward라고 하였고, 최근에는 성별과 무관하게 Cabin Attendant, Flight Attendant, Cabin Crew로 호칭하며 보다 전문적인 직업인으로서의 느낌을 준다.

제 2 절   항공객실서비스 직무 특성

    항공사 인적서비스의 핵심은 객실승무원이며, 승객이 안전하고, 목적지까지 편안하고 쾌적하게 도착할 수 있도록 도와주는 역할을 하고 있다. 객실승무원의 직무는 안전서비스와 일반서비스로 나누어 볼 수 있다. 안전서비스란, 항공기의 비정상적인 상황 발생 시 대처능력을 발휘하여 승객의 생명과 안전을 보호하는 업무이다. 즉, 비상상황이 발생하지 않도록 사전에 대비하고 예방하며, 비상상황 발생 시 승객의 안전한 탈출을 지휘하고, 응급환자 발생 시에는 적절한 응급처치를 수행하는 중요한 업무를 의미한다. 뿐만 아니라, 승객의 항공여행 전반에 걸친 일상안전업무를 포함한다. 일반서비스란, 승객의 쾌적한 항공여행을 위해 기본적인 식사 및 음료 제공뿐만 아니라, 입국 절차, 목적지 정보, 비행 정보를 숙지하여 승객에게 도움을 주고, 영화·음악 등의 엔터테인먼트 관련 설비 안내 및 면세품 판매 등의 편의 제공 업무를 의미한다.

    항공기 객실서비스는 여타의 서비스와는 달리 몇 가지 특성을 갖는다. 첫째, 객실승무원을 통해 소속 항공사와 해당 국가에 대한 이미지를 갖게 된다. 둘째, 객실승무원은 직무의 특수성과 유니폼 착용으로 승객뿐만 아니라, 많은 사람들에게 노출되어 있고, 사회적 인지도가 높은 편이다. 셋째, 승객의 구성이 여러 나라의 다양한 계층으로 이루어지므로, 다방면에 걸친 정확한 지식과 상식을 구비하여야 한다. 넷째, 비행시간과 항공기의 종류에 따라 제공되는 서비스가 상이하므로 항공사별 서비스의 차별화에도 영향을 준다. 다섯째, 객실승무원이 만들어내는 인적서비스는 그 결과의 수치화,

계량화, 객관화가 어렵다. 이러한 직무의 다양한 특성으로 인해 객실승무원으로서 갖추어야 할 역량은 항공사의 객실서비스 품질에 매우 커다란 영향을 미친다.

그러므로 항공사는 객실승무원으로서 고객만족 서비스를 수행할 수 있는 인재를 선발하기 위하여 여러 단계의 채용 절차를 거치도록 한다. 서류전형으로 시작하여 실무면접과 임원면접을 통해 심화된 인터뷰를 진행하며 기본 역량과 인성을 겸비했는지 확인하고, 영어 면접과 체력테스트 및 수영테스트를 진행한다. 신입 승무원으로 채용된 이후에도 각 항공사에서는 직무별, 직급별, 역량별 직무교육을 지속적으로 실시하고 어학 및 방송 자격 등을 유지 및 향상시키도록 유도하고 있다.

제3절 항공객실승무원의 기본 역량

항공사의 객실승무원은 일반적으로 보이는 것처럼 우아하기만 한 것은 아니다. 앞서 언급했듯이 안전을 기반으로 업무를 수행해야 하며 제한된 공간과 높은 상공에서 장시간 근무를 해야 하는 환경적 어려움이 있다.

우선 객실승무원은 강인한 정신력을 바탕으로 한 체력이 필수적이다. 또한 고품격 서비스를 수행하는 전문인으로서 서비스 감각(센스)이 있어야 한다. 투철한 시간 관념과 점검(Check)의 생활화, 팀워크를 위한 팀플레이어, 감정을 조절할 수 있는 능력, 그리고 안전의식을 바탕으로 업무를 수행해야 한다. 이런한 기본적인 자질을 바탕으로 역량을 강화시켜 나갈 수 있는 인재들을 항공사에서는 선발하기 위해 노력하고 채용 이후에는 엄격한 교육훈련으로 승무원 개개인의 능력을 향상시킨다. 이는 모두 항공사의 고 객만족 추구와 기업 이익 추구의 모든 것을 만족시키기 위함이다.

그렇다면 항공사 객실승무원이 기본적으로 갖추어야 할 덕목(자질), 역량 들을 하나씩 살펴보기로 하자.

1. 강인한 정신력을 바탕으로 한 건강한 체력

건강한 체력은 객실승무원의 가장 기본이 된다고 할 수 있다. 각 국가 간의 비행을 통해 시차 적응은 물론이고 장시간 동안 체력안배를 하며 피곤 함을 드러내지 않고 한결같은 모습으로 고객을 응대하고 서비스를 할 수 있 어야 하기 때문이다. 그리고 밤낮을 가리지 않고 출근과 퇴근을 반복하는 불규칙한 업무 패턴으로 더더욱 평소의 체력관리는 중요하다. 체력이 부족 하여 비행 업무를 제대로 수행하지 못한다면 제공하는 서비스는 품질이 떨 어지게 되고 함께 근무하는 동료 승무원들에게도 피해를 주며 해당 팀의 서 비스 저하를 가져오게 된다. 한국과 미국으로의 비행 이후 시차적응을 하 고 일상생활로 돌아오기 위해서는 건장한 20대 남성이 일주일 정도의 시간 이 필요하다고 한다. 그러나 승무원들의 스케줄은 장거리 비행 이후 2~3일 정도의 휴식 기간을 가지고 또 다른 장거리 비행을 해야 하므로 현실적으로 시차적응이라는 말이 무색하다. 가급적 올바른 식생활과 운동을 병행하여 건강한 체력을 유지하기 위한 노력을 게을리해서는 안 된다.

승무원에게 가장 중요한 것은 성실함과 책임감이다. 다른 직종에서도 물론 성실함과 책임감은 중요하지만, 한정된 공간에서 제한된 용품을 제공

하며 정해진 수의 동료 승무원들과 팀워크를 이루기 위해서는 나 하나쯤이야 하는 생각은 매우 위험하다. 본인이 담당하는 구역의 담당 서비스는 성실하게 책임을 다해 완수하여야 한다. 더불어 본인의 구역 서비스를 완수했다면 더 많은 승객과 힘든 구역의 승무원을 도와주는 모습은 서로를 위로해주고 팀워크를 향상시키며 고객 서비스 향상에도 도움을 준다.

이 모든 것은 투철한 프로의식이 밑바탕이 되어야 한다. 내가 아프다고 기분이 안 좋다고 일하는 동료가 또는 승객이 마음에 안 든다고 하여 서비스를 함부로 한다면 이는 프로답지 못한 행동이다. 사회에서 취업 전선에 뛰어든다는 것은 이제 아마추어가 아닌 프로라는 것을 명심하고 업무에 임해야 한다.

2. 서비스 감각 · 센스

좋은 서비스 즉 고객이 원하는 서비스를 적절한 타이밍에 맞추어 수행하기 위해서는 서비스 감각이 있어야 한다. 주변의 상황을 파악하고 신속한 의사결정을 내리고 행동으로 옮길 수 있는 능력이 필요하다. 센스 있는 승무원, 센스 있는 서비스를 제공하기는 어렵고, 단시간 내에 행할 수 있는 것도 아니다. 일상 생활에서도 아르바이트 상황에서도 꾸준히 연습한다면 충분히 향상될 수 있다. 그것은 바로 상대방 즉 고객에 대한 관심에서 비롯된다. 그리고 주변 상황을 계속 살피고 관리하는 것이 필요하다.

예를 들어 비행 중 승객들이 휴식을 취하고 있는 상황에서 한 승객이 승무원에게 물 한 잔을 요청한다. 이때 일반적으로 승무원은 물 한 잔을 가져와 해당 승객에게 제공한다. 우선 음료 서비스를 잊지 않고 행했다는 점은 나쁘지 않다. 그러나 여러 가지 센스 있는 행동으로 더 좋은 서비스를 제공할 수 있다는 점이 핵심이다. 고객이 물을 요청했을 때 약을 꺼내놓고 있었다면 약을 드시기 좋은 실온의 물을 제공하는 것이 좋고, 갈증이 난 상황으로 파악된다면 '시원한 물로 준비해 드릴까요?'라고 한 번 더 여쭈어 보고 서비스 할 수도 있다. 그리고 해당 고객의 물만 준비해 오는 것이 아니라 다양한 종류의 음료를 함께 준비해 와서 주변 승객들에게도 음료를 권해본다면 요구하지 않았음에도 미리미리 신경을 써주는 승무원에게 승객들은 고마움을 느끼게 된다.

3. 시간과의 전쟁

승무원의 모든 업무는 시간과의 전쟁이라고 해도 과언이 아니다. 업무의 특성상 시간을 생명과 같이 생각하고 철저한 시간관념을 가지고 행동해야 한다. 군대와 항공사의 공통점이 다수 있지만 그중 하나는 바로 시간을 24시간제로 표현한다는 것이다. 오전 8시 비행기와 오후 8시 비행기는 혼선을 주기 쉽기 때문이다. 그래서 오전 8시는 08시로 표현하고, 오후 8시는 20시로 표현하여 시간을 나타낸다. 국내뿐만 아니라 전 세계의 시간을 현지 시간으로 오전 오후를 명확히 표현하기 위해 24시간제를 사용한다.

또한 비행 업무를 위해 승무원이 반드시 소지해야 하는 품목들을 '비행 필수 휴대품'이라고 하는데 이 중 손목시계가 포함된다. 비행기는 정시 출발, 정시 도착이 생명이라고 할 수 있다. 고객에게 제공하는 서비스 중 중요한 것이 바로 이 부분이다. 그것을 위해 많은 부서들이 노력하고 있고 객실 승무원들은 정해진 시간 전에 여유있게 출근하여 브리핑을 진행하고, 정해진 시간에 비행기에 우선 탑승하여 비행 준비를 하고 승객 탑승이 정해진 시간에 시작되고 정시출발할 수 있도록 해야 한다. 그러므로 시간은 항공사에도 승무원에게도 매우 중요하다.

비행 중에는 비행기 이륙 시점부터 시간 체크를 하고 이륙 후 어느 시간 후에 식사 서비스를 할 것인지 정하고 시계를 보며 준비 시간을 체크한다. 그날의 실제 비행시간을 감안하여 출발지 시간으로 현지 시간으로 몇 시에 도착하는지도 계산해야 한다. 서비스 도중 승객들은 지금 서울 시간으로 몇 시인지, 현지 시간으로 몇 시인지, 현지 시간으로 몇 시에 도착하는가 등의 문의를 하는 경우가 많다. 이때 승무원들은 손목시계를 보며 계산하고 즉시 정확한 답을 해드릴 수 있어야 한다.

승무원이 브리핑 시간이나 비행 출발 시간에 늦는다는 것은 상상할 수 없다. 브리핑에 늦어 참석하지 못한다면 Miss Briefing이라고 하여 벌점을 받게 된다. 시간 계산을 잘 못 한다든지 지각을 하여 정해진 비행기에 탑승을 못하게 되면 Miss Flight라고 하여 매우 큰 벌점을 받게 되고 인사고가에도 부정적 영향을 미치게 된다.

이처럼 비행 업무는 시간 엄수로 시작하여 시간과의 싸움으로 이어진다고 볼 수 있다. 그러므로 항공사 직원을 꿈꾸는 분이라면 평소에도 시간을 철저히 지키는 생활습관을 가지는 것이 필요하다.

4. Check의 생활화

승무원들의 업무와 생활은 일반적으로 Check, Check, Check의 연속이라고 볼 수 있다. 앞서 언급되었던 '비행 필수 휴대품' 중 하나의 품목이라도 준비하지 않으면 그날의 비행에 임할 수 없게 된다. 비행 필수 휴대품이란 여권, 비자, 승무원등록증, 승무원 I/D card, 객실안전규정집 등을 의미하며 한 개라도 준비하지 못하면 비행이 어렵게 되므로 Miss Flight을 하게된다. 더불어 비행 업무에 필요한 손목시계, 비행에 필요한 각종 서류, 항공사 타임테이블, 볼펜, 메모지, 화장품, 향수, 여분의 스타킹 등이 해당된다. 이러한 물품들을 빠뜨리지 않기 위해 집에서 나오기 전에 두 번, 세 번 확인하는 습관을 가지게 된다.

비행 업무를 시작하게 되면 안전한 비행을 위한 안전장비와 보안장비를 점검하고 곧이어 비행에 필요한 각종 서비스 용품들이 품목과 수량이 맞게 탑재되었는지 Check한다.

이렇듯 승무원들은 시간 및 개인용품에서부터 비행과 관련된 모든 용품과 장비들을 빠짐없이 점검하는 것들이 생활화되었다고 보면 된다.

5. 감정조절의 달인

감정노동이라는 단어를 많이 들어봤을 것이다. 감정노동자의 대표 직업군은 승무원, 간호사 등이 해당된다. 서비스업에 종사하는 대부분의 사람들은 감정노동에 시달리고 있는 것이 현실이다. 나의 감정을 밖으로 드러내지 않고 현재 상황에 적합한 표정과 말투, 태도를 보이는 것이 서비스맨의 프로다운 모습이라고 할 수 있다. 그렇다고 가식적인 모습을 보이는 것은 고객으로부터 좋은 피드백을 얻기 힘들다. 오랜 시간 진심으로 서비스를 해 온 베테랑들의 모습을 보면 고객을 위한 마음이 그 내면에서부터 우러나오는 것을 볼 수 있다.

건강이 좋지 않다고, 기분이 언짢다고, 상대가 기분 나쁘다고 하여 그 감정을 그대로 내보이는 것은 서비스맨의 프로다운 모습으로 보기 어렵다. 그래서 서비스맨은 평소 건강관리와 서비스 마인드 장착, 마인드 컨트롤 등을 훈련해야 한다.

평소 표정 연습을 통해 고객을 응대할 때는 밝은 모습을 보이도록 하고 동시에 바른 자세와 올바른 태도를 유지할 수 있도록 연습하고 실행해야 한다.

6. 비행은 팀워크

비행 업무 즉 기내서비스란 결코 혼자 해낼 수 없다. 개인 한 명이 최고의 서비스를 수행한다고 해도 다른 팀원들의 서비스 수준이 낮다면 그 비행의 서비스는 높은 점수를 얻기 어렵다. 반면 모든 팀원들의 서비스 수준이 매우 높은데 그중 한 명이 질 낮은 서비스를 수행한다면 그것 또한 팀의 서비스 품질을 하향 평가시킨다. 이렇듯 비행은 모든 팀원들이 하나가 되어 우수한 서비스를 수행할 때 그 서비스가 빛나게 된다.

항공기에 탑승하는 승무원은 법적으로 규정되어 있는데 최소탑승인원이 정해져 있어서 항공기 장착 좌석 50석당 1명의 객실승무원이 탑승해야만 항공기의 운항이 가능하다. 이는 항공안전과 관련된 것이며, 만약의 사태로 항공기 사고로 인해 승객을 탈출시켜야 한다면 그때 필요한 최소한의 승무원 수라고 이해하면 될 것이다. 장거리 및 단거리 등 비행의 거리와 시간 또는 운영되는 클래스에 따라 그 이상의 승무원들이 탑승하게 된다. 승무원은 이렇듯 팀 단위로 업무를 수행한다.

일반적인 상황에서 기내서비스를 수행할 때는 물론이고 예기치 못한 비상상황이 발생하게 되면 그 팀의 팀워크에 따라 결과가 사뭇 달라질 수 있다.

개인주의와 이기주의가 팽배해진 요즘이지만 객실승무원을 꿈꾸는 사람이라면 개인적인 활동보다는 함께하는 활동을 많이 하여 팀워크의 중요성과 팀워크를 향상시킬 수 있는 여러 방법들을 연구해 보는 것이 필요하다. 내가 아닌 우리가 있다는 마인드가 필요하다.

7. 객실 안전을 책임지는 승무원

우수한 서비스를 제공하는 곳은 점점 늘어나고 있다. 고객들의 서비스에 대한 인식도 매우 향상되었고 서비스를 연구하고 공부하는 이들도 늘어나고 있다. 항공기에서 비행업무를 수행하는 객실승무원은 다른 서비스맨들과의 가장 큰 차이점은 무엇일까? 그것은 제한된 공간 그리고 매우 높은 고도의 상공에서 근무를 한다는 것이다. 비행 중 부족한 물품이 있다고 하더라도 밖에 나가서 구입해 올 수 없듯이 환자가 발생하여도 119에 전화해서 병원으로 이송할 수도 없다. 화재가 발생했을 경우에도 마찬가지로 소방서에서 출동하여 화재를 진압해 줄 수 있는 여건이 안 된다는 것이다. 만약의 사태가 발생하게 된다면 객실승무원들이 비상안전업무를 수행해야 한다. 비행 사고가 발생하고 비상착륙이나 비상착수를 하게 되었을 때도 승객들을 안전하고 신속하게 탈출시키는 역할을 객실승무원이 전담하게 된다.

이렇듯 기내에서의 위급한 비정상 상황에서 승객의 안전을 확보할 수 있는 안전활동을 해야 하고, 비정상 상황이 발생하지 않도록 지속적으로 일상안전업무를 수행하여 사고를 예방하고 승객들이 쾌적하고 안전하게 여행할 수 있도록 해야 한다.

항공기의 객실승무원에게는 이처럼 투철한 안전의식이 요구되며 응급처치 전문가가 되어야 한다. 승객을 우리 승무원들이 안전하게 지킨다는 생각으로 비행에 임해야 한다.

8. 외국어 실력과 글로벌 매너

지금까지 언급한 다양한 기본 역량들을 기내에서 제대로 펼쳐 보이기 위해서는 외국어 실력이 뒷받침되어야 한다. 글로벌 시대에 세계를 무대 삼아 서비스를 하며 활동하는 객실승무원은 영어를 기본으로 하여 다양한 언어를 구사할수록 유리하다. 다양한 국적의 승객들이 항공기에 탑승하고 그들이 불편함 없이 편안하게 항공 여행을 할 수 있도록 도와주기 위해서는 원활한 커뮤니케이션이 우선되어야 하기 때문이다. 특히 목적지에 대한 정보, 입국에 필요한 정보 등 일반 정보를 제공할 때와 비정상 상황이 발생했을 때에도 정확한 정보를 전달하고 신속하고 안전하게 승객을 케어해야 하므로 외국어 실력은 기본 중의 기본이라고 할 수 있다. 언어뿐만이 아니라 다양한 국가의 문화를 이해하여 글로벌 매너를 발휘할 줄 아는 세련된 승무원의 모습이 필요하다.

그러므로 항공사 객실승무원으로 지원하고자 하면 기본적인 영어실력을 검증하기 위한 토익성적을 제출해야 하고, 영어면접을 진행한다. 정식으로 항공사에 채용된 이후에도 정기적으로 토익 시험을 치르고 업데이트 된

성적을 회사에 제출해야 한다.

제 4 절   항공객실승무원의 직무교육

객실승무원이란, 다양한 역량을 기반으로 하여 안전과 친절 모두를 만족시키는 서비스 전문가이다. 항공사에서는 객실승무원을 채용할 때 기본인성과 서비스 역량을 가지고 있으며 향후 발전가능성이 있는 인재를 선발하고자 한다. 그리하여 수차례의 대면 면접을 통과해야 하고 영어면접, 체력테스트도 통과해야 최종합격의 기쁨을 누릴 수 있다. 항공사에 입사하면 그것으로 모든 어려움이 종결될 것이라고 착각하는 사람들이 많다. 그러나 입사 이후부터 본격적으로 자신의 실력향상과 자기개발을 위한 노력을 더해야 한다.

우수한 인재를 선발한 후 항공사에서는 신입승무원의 교육훈련을 65일 정도(대형항공사의 경우) 진행한다. 안전보안과 관련된 훈련을 진행하는데 이론 및 실습 교육과 매일 필기 테스트 및 실기 테스트가 있다. 그 점수도 평균 90점 이상이 되어야만 안전과정을 수료할 수 있는데, 이는 항공법에 기반한다. 때로는 이 조건을 충족하지 못한 신입훈련생의 경우 최종합격이 취소되는 경우도 발생한다. 안전보안과정을 무사히 수료하게 되면 승무원을 의미하는 날개(Wing)를 수여받게 되고 승무자격을 얻게 되는 것이다. 그후 서비스 교육훈련이 이어지며 서비스의 기본과 국내선, 국제선의 일반석 서비스를 교육받고 교육 후반부에는 OJT(On the Job Training) 비행을 마치고 신입과정을 수료한다. 그 후 정식으로 라인 팀에 배정되어 비행 업무를 시작하게 된다.

신입훈련과정은 매일 교육과 시험이 반복된다. 끝도 없이 이어지는 평가로 인해서 많이 지치고 힘들지만 그 과정을 통해 서비스맨으로 거듭나게 되고 동기들과의 관계도 돈독해진다.

신입훈련으로 교육이 끝나는 것은 아니다. 비행 업무를 하면서 1년에 1회 정기안전훈련을 이수해야만 비행 자격을 유지할 수 있다. 안전 교육뿐만 아니라 상위클래스 업무를 하기 위한 훈련, 방송 교육, 신기종 친숙화 훈련 등 교육은 끊임없이 이어지고 객실승무원들은 자신의 역량을 지속적으로 강화시켜 고객만족 서비스, 고품격 서비스를 수행할 수 있도록 노력해야 한다.

제5절 항공객실승무원의 직급 체계

기업은 일반적으로 직원에게 직급과 직책을 주고 그에 따른 의무와 책임을 기대한다. 항공사의 객실승무원들도 마찬가지이다. 항공사마다 직급명과 직급 가능 연수는 다소 차이가 있으나 일반적인 승무원의 직급 체계를 숙지해 놓으면 입사 이후 목표를 구체화하는 데 용이할 뿐 아니라 채용 면접에서도 관련 질문에 대한 답변을 확실하게 할 수 있다.

항공사에 객실승무원으로 입사하면 처음에는 인턴승무원으로 근무를 하게 된다. 대한항공은 인턴기간이 2년, 아시아나항공은 1년이며 각기 항공사마다 차이가 있다. 인턴기간을 성실히 보낸 직원들은 정규직으로 전환하게 된다. 큰 문제가 없다면 대부분 정규직 전환이 가능하므로 성실하고 적극적인 모습으로 인턴 생활을 하면 된다.

입사 후 일반승무원으로 비행근무를 시작하는데 일반 기업의 평직원으로 보면 된다. 일반 승무원은 Flight Attendant, Cabin Crew, Stewardess, Steward로 명명하며 줄여서 여승무원은 SS, 남승무원은 SD로 표기한다.

일정 근무 연수가 지나면 개인의 영어 및 외국어 자격, 방송 자격, 근무 평가 점수 등을 기반으로 진급 가능 대상이 된다. 자격기준은 직급에 따라 달라진다. 입사 이후 만 3년이 지나고 진급 대상 자격이 되어 좋은 평가를 받아 진급을 하게 되면 부사무장이 된다. 부사무장은 AP(Assistant Purser)라고 하며, 일반 기업의 대리 직급과 동일하다.

부사무장 진급 이후 적정 기간이 지나 진급 평가 이후 진급을 하면 사무장 PS(Purser)가 된다. 일반 기업의 과장 직급이다. 사무장 직급부터는 팀의 팀 시니어, 부팀장 또는 팀장의 다양한 직책을 맡게 된다.

사무장 진급 이후 다음 진급은 선임사무장 SP(Senior Purser)이다. 일반 기업의 차장 직급이다. 선임사무장은 팀의 팀장 직책을 맡게 된다.

선임사무장 이후 수석사무장 CP(Chief Purser) 직급으로 진급할 수 있다. 일반 기업의 부장 직급이다. 수석사무장은 팀의 팀장 직책을 맡는다. 수석사무장 이후 경우의 수는 매우 적지만 상무대우 수석사무장으로 진급할 수도 있다.

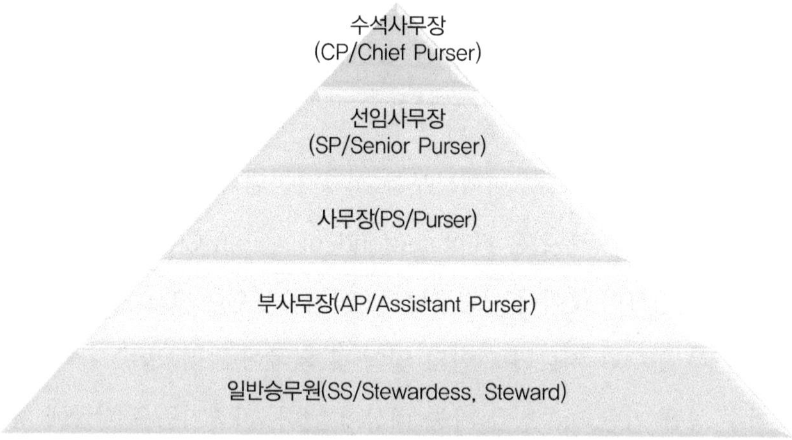

수석사무장
(CP/Chief Purser)

선임사무장
(SP/Senior Purser)

사무장(PS/Purser)

부사무장(AP/Assistant Purser)

일반승무원(SS/Stewardess, Steward)

[그림 1-1] **승무원 직급 체계**

PART

II

항공사 면접의 이해

02
Chapter

면접의 중요성

기업에서 인재를 채용하기 위해 여러 단계의 절차를 거친다. 입사지원서를 작성하여 제출하는 서류전형으로 시작하여 기업이나 직무에 따라 직무에 대한 기본 지식의 정도를 확인하고 평가하기 위해 필기전형을 진행하기도 한다. 그 다음 단계로 면접전형이 진행되는 것이 보편적이다. 항공객실승무원의 경우 필기전형은 없으나 면접전형이 여러 단계로 진행된다.

면접을 준비하는 지원자들은 우선 기업의 입장에서 어떤 인재를 선발하고 싶은가를 생각해 봐야 한다. 그 기업에서 선발하고 싶은 인재와 나 자신이 일치되면 합격할 확률이 높아지기 때문이다. 또는 그 기업이 원하는 인재상에 부합하도록 노력하고 준비할 수 있다.

기업은 해당 직무를 좋아하는 사람을 뽑고 싶을까 아니면 그 일을 잘하는 사람을 뽑고 싶을까? 당연히 기업은 일 잘하는 사람을 채용하고 싶어한다. 또한 조직 적합성과 직무 적합성이 우수한 인재를 선발하고자 한다. 조직 적합성이란 '인성'을 의미하며, 직무 적합성이란 '적성'을 의미한다. 결과적으로 기업에서는 직무를 잘 수행할 수 있는 적성과 역량을 보유했을 뿐만 아니라 인성도 좋은 인재를 선발하기를 원한다는 것이다.

항공사에서 객실승무원을 채용할 때 염두에 두는 것은, 과연 해당 지원자가 객실승무원이 되었을 때 기내서비스를 훌륭하게 수행할 수 있는 어학능력과 서비스 역량을 갖추고 있는지, 팀원들과 좋은 팀워크를 보여줄 수 있는 좋은 인성을 갖추었는지에 관한 부분이다.

이러한 인성(조직 적합성)과 적성(직무 적합성)은 입사지원서만으로는 지원자를 제대로 검증할 수 없으므로 면접에서 지원자의 전반적인 됨됨이를 살펴보게 된다. 한 번의 면접으로 부족하다고 여기는 항공사들은 기업에 따라 2~3회의 단계별 면접을 진행하여 객실승무원을 선발한다. 면접은 단계가 진행됨에 따라 더욱 심도있는 질문이 진행되며 강도 높은 질문들로 구성된 심화면접이 이루어진다. 즉 면접은 지원자에 대한 성향, 태도, 의지, 역량 등을 종합적으로 평가하는 과정이라고 볼 수 있다.

일반적으로 기업에 채용되기 위해서는 면접이 가장 중요한 단계이다. 항공사 객실승무원의 경우는 면접이 더욱 중요하다. 성공적인 면접을 진행하여 최종 합격을 하기 위해서는 우선 본인을 객관적으로 분석하여 승무직무를 수행하기에 적합한지 알아보아야 한다. 그다음 승무직무를 철저하게 분석하여 구체적으로 어떠한 업무를 수행해야 하며, 직무수행을 하기 위해 어떤 역량을 함양해야 하는지, 어떤 자격증을 취득해야 하는지 조사하고 그에 맞는 준비를 해야 한다. 또한 승무직을 수행할 수 있는 항공사 및 기업에는 어느 곳이 있는지 알아본 후 내가 지원하고 싶은 항공사나 기업을 선택하고 해당 항공사와 기업에 대한 분석을 진행해야 한다. 이 과정에서 철저한 준비가 이루어졌다면 채용공고가 있을 때 채용 절차에 따라 준비된 것들을 적용하여 최종 합격의 기쁨을 누릴 수 있을 것이다.

다른 직무에 비해 항공객실승무원은 면접이 매우 중요하며 여러 회차를 거치며 심화단계를 경험하게 된다. 중간 단계에서 영어 인터뷰, 기내방송 테스트, 체력테스트, 수영테스트, 인적성 검사 등의 부차적인 과정들과 실무면접부터 임원면접까지의 여러 단계를 거쳐 최종 합격을 하는 것은 매우 어려운 일이다. 그러나 철저히 준비한다면 항공사 취업에 성공할 수 있을 것이다.

03
Chapter

면접의 유형

제1절 대면 면접

면접은 다양한 유형으로 진행될 수 있다. 우선 단독면접 유형이 있다. 단독면접은 면접관 1명과 지원자 1명으로 진행되며 최종 면접 또는 특별 채용의 경우로 진행된다.

개별면접은 여러 명의 면접관이 한 명의 지원자에게 질문하는 방식으로 주로 최종 면접 시에 활용되거나 소수의 인원을 선발할 때 사용되는 형태이다. 이 방식은 지원자에 대한 정보를 자세히 알아낼 수 있다.

개별면접과 달리 집단면접은 다수의 면접자와 다수의 지원자를 평가하는 방식이다. 주로 많은 인원을 선발할 때 채택되는 방식으로 지원자들 간의 비교 및 평가가 용이하다. 지원자 입장에서는 답변하는 순서에 따라 불리할 수도 있다는 단점이 있다. 이러한 집단면접 방식은 항공객실승무원 면접에서 가장 일반적으로 사용되는 면접방식이다. 항공사별, 면접 단계별 심사위원과 지원자의 수는 상이하며 변동될 수 있다.

집단토론면접 방식도 있다. 주어진 주제에 대해 지원자들이 30~40분 정도 토론하는 방식이다. 지원자들의 토론모습을 통해 판단력, 설득력, 어휘력, 협동성, 배려심 등이 평가된다. 개인의 능력을 어떻게 발휘하는가, 어떤 일에 적합한가 등을 판단할 수 있다. 외국 항공사의 경우는 면접의 한 단계에서 영어 토론면접 방식을 진행하는 경우가 많다.

프레젠테이션 면접 방식은 여러 주제 중에서 하나를 선택하여 자신의 의견을 논리적으로 설득력 있게 표현하는 능력을 가지고 있는지 여부를 평가하는 것이다. 지원자의 창의성, 전문성, 문제해결능력 등을 다양하게 파악할 수 있는 방식으로 대기업 또는 전문직 채용 면접 시에 많이 사용된다.

제2절 비대면 면접

코로나 팬데믹 이후 면접에서 달라진 점은 비대면 면접의 비중이 한층 증가한 점이다. 물론 이전에도 해외 취업의 경우 화상면접이 진행되는 경우가 있었지만 다양한 형태의 비대면 면접이 발전하고 수적으로 증가하였다. 비대면 면접은 사전 녹화 방식과 동영상 제작, 또는 실시간 화상 면접 등의 형식으로 구분된다.

비대면 면접을 준비하기 위해서 사전에 면접 장소를 선정하고 네트워크 상태를 확인해야 한다. Zoom, Meet, Teams, Skype, Webex 등 다양한 프로그램 중에서 해당되는 프로그램의 종류를 파악하고 조작방법을 습득해 둔다. 적절한 배경을 선택하고 프로그램 환경에 익숙해지도록 사전에 녹화를 하며 연습해 둔다.

비대면 면접 시 1차 면접의 경우 사전녹화 방식을 택하는 기업들도 있지만, 1차 면접부터 2차, 최종 면접까지 실시간 화상 면접으로 진행하게 되는 경우도 많다. 면접 시간이 정해지면 시간을 반드시 엄수해야 하는 것은 기본 중의 기본이다.

화면 앞에서 상체가 나오도록 하고 가슴을 펴고 반듯하게 앉는다. 비대면 면접이지만 면접에 적합한 정장을 입는 것이 좋다. 상반신만 화면에 나온다고 해서 상의만 갖춰 입는 것은 곤란하고 위아래 정장을 잘 갖추어 입는다. 면접에 임할 때는 대면, 비대면 면접 모두 마찬가지로 밝은 표정과 단정한 모습을 유지해야 한다. 밝고 정돈된 표정을 지속적으로 유지하는 데 신경을 쓰도록 한다.

면접 질문을 듣게 되면 끝까지 경청한 후에 답변한다. 답변은 결론부터 말하고 너무 길어지지 않도록 간결하게 한다. 손동작 등의 제스처는 너무 과하지 않도록 하고 목소리 전달이 잘 될 수 있도록 조절하고 발음을 정확하게 하고 입 모양도 크게 하는 것이 좋다. 비대면 시, 면접 답변 자료들을 가지고 있을 수 있으나 자료를 보면서 읽는 것처럼 답변하면 곤란하다. 만약 면접 도중 네트워크 상태가 불안정할 때는 당황하지 말고 양해를 구한 후 침착하게 대처한다.

비대면 면접을 마치겠다는 면접관의 말이 있으면 끝인사를 하고 마친다. 끝난 후에도 방심하지 말고 표정과 자세를 유지하고 언행에 조심한다.

면접의 유형은 기업별, 직무별, 단계별로 다양하게 운영되기 때문에 본인이 원하는 항공사의 채용 절차와 방법에 대해 조사하고 분석하여 사전에 면접 방식을 파악하여 철저히 대비하여 준비하는 것이 중요하다.

PART

항공사 기업분석

항공사 객실승무원이 되고 싶다면 그 직무에 대해 자세히 알아보고 여러 항공사들의 정보를 모아 분석하는 작업을 해야 한다. 항공사별 자세한 정보는 물론 각 항공사들의 공통점과 차이점들도 파악하는 것이 좋다. 다른 기업들과 비교 분석하는 과정을 거쳐야 내가 지원하는 기업의 장점이나 보완점을 객관적으로 파악하기 용이하다.

우리나라에는 현재 대한항공과 아시아나항공과 같은 대형항공사(FSC; Full Srvice Carrier)와 저비용항공사(LCC; Low Cost Carrier)가 있다. 저비용항공사에는 제주항공, 진에어, 티웨이항공, 에어서울, 에어부산, 이스타항공, 플라이강원 등이 있으며, 최근에는 에어로케이, 하이에어, 에어프레미아 등의 신생 항공사들이 등장하였다.

각 항공사의 비전과 미션, 인재상, 역사, 조직도, 직원 수, 보유 항공기 종류와 대수, 운항 노선, 제휴 항공사, 서비스 상품, 유니폼, 기내식, 홈페이지, SNS, 대외 활동 등을 살펴보고 정리한 후 정보들이 새로 변경될 때 업데이트 하면 채용 준비에 편리하게 활용할 수 있다.

04
Chapter

항공사별 인재상

항공사는 물론 기업들은 기업에 원하는 인재상을 가지고 있는 것이 일반적이다. 항공사별 인재상을 살펴보면, 어떠한 인재를 선호하는지 확인할 수 있으며 선호하는 인재가 되도록 준비할 수 있다.

항공사는 항공산업과 항공서비스를 주축으로 하고 있기 때문에 인재상에 큰 차이는 없으나 최소한 지원하는 항공사의 인재상은 확인하는 것이 기본적인 관심의 표명이다.

국내 주요 항공사들의 인재상들을 살펴보면 다음과 같다.

항공사	인재상
대한항공	〈KALMANSHIP〉 진취적 성향의 소유자 국제적인 감각의 소유자 서비스 정신과 올바른 예절의 소유자 성실한 조직인 Team Player
아시아나항공	〈Right People〉 성실하고 부지런한 사람 연구하고 공부하는 사람 진지하고 적극적인 사람 서비스정신이 투철한 사람
진에어	〈5 JINSIM〉 JINABLE - 최고의 안전과 실용성을 보장히는 JINI JINIFUL - 열린 사고로 미래를 지향하는 JINI JINVELY - 고객으로부터 사랑받고 다시 찾게 되는 JINI JINSH - 팀워크와 협업을 지향하는 JINI JINIQUE - 긍정적인 에너지와 개성을 소유한 JINI
에어부산	〈'에어부산인'상〉 고객 중심 - 고객을 위해 최선을 다하는 에어부산인 열정 - 열과 성의를 다하는 에어부산인 협동 - 배려하며 솔선수범하는 에어부산인 도전과 창의 - 끊임없이 연구하고 도전하는 에어부산인

05
Chapter

항공사 기업분석

본인이 지원하고자 하는 항공사에 대해 자세히 조사하고 분석하는 것은 항공사에 대한 관심과 자신의 직무에 대한 열정을 보여줄 수 있는 중요한 부분이다. 항공사별 역사, 경영 철학(Vision, Mission), 인재상, 항공기 보유 대수 및 기종, 운항 노선, CI(Corperate Identity), 유니폼, 기내식, 서비스 상품, 제휴 항공사 및 얼라이언스, 홈페이지, 광고 및 홍보 활동, 사회기여 활동 등을 탐색하여 정리하고 장단점을 파악하여 개선점을 제시할 수 있어야 한다. 목표로 하고 있는 항공사의 기업분석만 하면 부족하고 경쟁사는 물론 국내외 항공사도 함께 조사하여 비교 분석할 수 있어야 한다.

항공사에서 객실승무원을 채용하는 시기는 대부분 상반기와 하반기로 나누는 경우가 많다. 그러나 인력 채용이 시급한 경우 하계와 동계 기간을 통해 채용하기도 한다. 반드시 1년에 2회 이상 채용하는 것도 아니다. 항공사는 세계 경제와 정치, 항공 시장, 세계 유가 등에 영향을 많이 받는 기업이므로 예정된 채용이 이루어지지 않을 수도 있고 갑작스러운 채용 공지가 나올 때도 있다. 그러므로 내일 채용 공지가 나와도 바로 지원할 수 있도록 평소에 준비해 두는 것이 중요하다. 저비용항공사에서도 다양한 절차와 채용방법을 통해 객실승무원을 채용하고 있으므로 항공사별 다른 채용 절차를 확인하고 대비해야 한다.

최근 면접 질문들이 역량 면접으로 전환되면서 1차원적인 질문에서 경험 위주의 질문, 견해를 묻는 질문 등 심화된 면접 질문들이 등장하고 있다. 다양한 정보를 탐색하고 정리하고 분석하여 심화된 면접 질문에도 능숙하게 답변할 수 있어야 한다.

국내 항공사들의 기업 정보를 간단하게 정리해 보면 다음과 같다. 여러분들은 좀 더 심도 있는 조사와 분석을 하고 숙지하여야 한다.

제1절　대한항공(Korean Air, KE)

1. 설립 연도 : 1969년 3월 1일

2. 경영 철학

1) 비전(Vision)

세계 항공업계를 선도하는 글로벌 항공사

2) 미션(Mission)

3. 인사 철학 : '기업은 곧 인간'

4. 운항 노선 : 43개국 120개 도시(2021년 08월 31일 기준)

국내선 : 13개 도시

국제선 : 42개 도시 107개 도시

5. 보유 항공기 : 총 157대(2021년 08월 31일 기준)

기종	보유 대수
A380-800	10대
B747-400(화물기)	4대
B747-8i(화물기)	10대
B747-8F(화물기)	7대
B777-200ER/300/300ER	42대
B777F(화물기)	12대
B787-9	10대
A330-200/300	30대

B737-800/900/900ER	22대
A220-300	10대
총 계	157대

6. 동맹체(Aliance) : 스카이팀(Sky Team)

총 19개 회원 항공사(2021년 08월 31일 기준)

7. 나눔/상생 경영

사회봉사 활동	– 중국 꿈의 도서실 기증 – 사랑의 집짓기 해비타트 운동 – 하늘사랑 영어교실 – 사랑의 연탄 나눔 – 1사 1촌 자매 결연
재난구호 활동	– 운송 네트워크를 활용한 구호 참여
문화예술/스포츠	– 해외 유명 박물관 문화 후원 – 대한항공 여행사진 공모전 – 어린이 그림대회 '내가 그린 예쁜 비행기' – 대한항공 점보스 배구단 운영 – 대한항공 여자 탁구단 운영 – 엑셀런스 프로그램 운영(우수 인재 선정 및 후원)

8. 환경경영 : 녹색경영활동, 환경오염 대응, 기후변화 대응

9. 소비자 중심 경영 : 2021년 1월 항공사 최초 소비자중심경영(CCM) 인증 획득

10. 채용 절차

◎ 지원서 접수 방법

대한항공 채용 홈페이지(https://recruit.koreanair.co.kr)를 통한 인터넷 접수를 하고 있으며 우편, 방문접수 및 E-mail을 통한 접수는 실시하지 않는다.

◎ 지원 자격

- 해외여행에 결격사유가 없고 병역필 또는 면제자
- 교정시력 1.0 이상인 자
- 기졸업자 또는 졸업예정자(전문학사 이상 또는 동등 학력 소지자)
- TOEIC 550점 또는 TOEIC Speaking LVL 6 또는 OPIc LVL IM 이상 취득한 자(유효기간 내에 응시한 국내시험에 한함)

◎ 전형절차

서류전형 > 1차면접 > 2차면접 영어구술 > 체력/수영 > 3차면접 > 건강진단 > 최종합격

◎ 제출서류

- 어학성적표 원본 1부
- 최종학교 성적증명서 1부
- 졸업(예정) 또는 재학 증명서 1부

- 석사 학위 이상 소지자는 대학 이상 전 학력 졸업 및 성적증명서 제출
- 기타 자격증 사본 1부(소지자에 한함)

◯ 기타사항

- 국가보훈 대상자는 관계 법령에 의거하여 우대
- 영어구술성적 우수자는 전형 시 우대
- 태권도, 검도, 유도, 합기도 등 무술 유단자는 전형 시 우대
- 2년간 인턴으로 근무 후 소정의 심사를 거쳐 정규직으로 전환 가능

제2절 아시아나항공(Asiana Airlines, OZ)

1. 설립 연도 : 1988년 02월 17일

2. 기업 철학 : 고객이 원하는 시간과 장소에 가장 안전하고, 빠르고, 쾌적하게
모시는 것

3. 경영 이념

4. 서비스 모토

참신한 서비스	최신 기종의 새비행기와 진부하지 않고 언제나 신선함을 잃지 않는 새로운 마음으로 고객을 모십니다.
정성어린 서비스	눈에 보이지 않는 작은 일까지도 한국적인 미덕이 몸에서 배어나는 세심한 배려와 친절로 고객을 모십니다.
상냥한 서비스	마음에서 우러나는 밝고 환한 미소와 항상 상냥한 모습으로 고객을 모십니다.
고급스런 서비스	기내식과 작은 비품, 행동까지도 품격을 생각하는 최고급의 정신으로 고객을 모십니다.

직업윤리	아시아나인으로서 회사의 윤리경영 방침에 따라 윤리 강령 및 윤리규칙을 준수하고 이에 기준하여 행동하며, 공사를 명확히 구분, 공평하게 업무를 처리하는 역량
프로페셔널리즘	맡은 일에 대해서 끝까지 책임을 지며, 주어진 업무뿐 아니라 새롭게 해야 할 일과 어려운 일을 자발적으로 수행하고 자신의 전문성을 개발하기 위해 노력하는 역량
성과지향	'업계 1등 기업 가치 창출'을 위해 도전적 목표를 설정하여 적극적이고 끈기 있는 자세로 추진함으로써 성과 향상을 지속적으로 도모하는 역량
국제적 감각	다양한 문화에 대한 이해를 바탕으로 비즈니스 수행에 필요한 국제적 매너와 에티켓을 보여주며 외국 파트너들과 함께 원활한 의사소통을 통해 효과적으로 일할 수 있는 역량

5. 운항 노선

- 국내선 : 10개 도시, 11개 노선
- 국제선(여객) : 21개 국가, 64개 도시, 74개 노선
- 국제선(화물) : 12개 국가, 27개 도시, 26개 노선

6. 보유 항공기 : 총 68대(2021년 08월 31일 기준)

기종	보유 대수
A380-800	6대
B747-400	1대
A350-900	13대
B777-200ER	9대
A330-300	15대
B767-300	4대
A321-neo	4대
A321-200	14대
A320-200	2대
총 계	68대

7. 동맹체 : 스타얼라이언스, 26개 회원 항공사(2021년 08월 31일 기준)

8. 사회공헌 미션

SLOGAN	아름다운 사람들이 아름다운 세상을 만들어 갑니다.
기본원칙	- 소외계층 및 지역발전을 위한 적극적인 사회적 책임 이행 - 항공업 이미지에 맞는 사회공헌 추진

기본철학	– 아름다운 기업이란, 지탄을 받지 않고 약속한 바를 꼭 지키며, 건실하고 신뢰받는 기업, 사회적 책임과 기업으로서의 역할을 다하고 사회에 공헌하는 기업 – 아름다운 기업으로서 실천과제 이행 – 나눔, 환경, 교실, 문화 4대 테마를 주축으로 하여 지역사회 소외계층을 위한 적극적인 사회문제 해결 동참

9. 채용절차

● 모집 분야 및 모집 인원

모집 구분	모집 분야	주요 업무
신입 인턴	캐빈승무원 인턴	기내 안전 및 대고객 서비스 업무 담당

● 지원 자격 요건

자격 구분	지원 자격
학력	기 졸업자 또는 졸업 예정인 분 (전문학사 이상 또는 동등 학력 소지자)
전공	제한 없음
어학	국내 정기 TOEIC 성적을 소지하신 분(유효기간 내의 성적에 한함) ※ 토익성적 미소지자, 해외 토익 소지자 응시 불가 ※ 어학성적 우수자 전형 시 우대
신체조건	기내 안전 및 서비스 업무에 적합한 신체조건을 갖춘 분
병역	남자의 경우 병역을 필하였거나 면제된 분
기타	– 해외여행의 결격 사유가 없는 분 – 영어구술 성적표(TOEIC Speaking, ESPT, OPIc) 소지자에 한하여 기재(외국어 성적의 경우 2년 이내의 성적에 한하여 유효) – 인턴사원으로 1년간 근무 후 소정의 심사를 거쳐 정규직으로 전환

◉ **접수 방법** : 채용정보 페이지 내 온라인 입사지원

◉ **전형 절차 및 합격자 발표**

– 발표방법 : 채용 사이트 내 개별 조회

– 참고사항

1차 실무자 면접은 지원자가 선택한 응시지역 또는 당사가 지정한 지역에서 실시함(서울/부산/광주)

2차 임원면접 시 영어 구술테스트 실시하며, 토익스피킹 레벨 5, OPIc IL등급, ESPT 480점 이상 성적 제출자는 영어 구술테스트 면제

2차 임원면접 합격자에 한하여 체력측정/건강검진/인성검사 실시

체력측정 항목

– 배근력

– 악력

– 윗몸 일으키기

– 유연성

– 수영(자유형 25m 완영)

제3절 　제주항공(Jeju Air, 7C)

1. 설립연도 : 2005년 01월 25일

2. 미션(Mission) : 더 넓은 하늘을 향한 도전으로 더 많은 사람들과 행복한 여행의 경험을 나눈다.

3. 핵심 가치(Core Value)

4. 7C 정신

Confident	위기를 이길 수 있다는 확신과 자신감
Competent	개인과 조직의 기본 실력과 역량
Connected	강한 유대감과 공동체 의식의 가치 인식
Cooperative	동료를 존중하고 배려
Consistent	회사의 장기 비전에 입각한 일관성 있는 추진력
Creative	New Normal 시대에 부합한 유연성과 창의성
Customer-oriented	고객의 요구와 기대에 선제적 대응

5. Brand Tagline : NEW STANDARD

6. Brand Statement : 합리적인 고객에게 새로운 여행 경험을 주기 위해 고객 지향적 사고로 끊임없이 혁신하는 대한민국 No.1 LCC

7. 취항 노선

50개 도시 87개 노선(2021년 08월 31일 기준)

한국, 중국, 일본, 러시아, 라오스, 태국, 베트남, 필리핀, 싱가포르, 말레이시아, 괌, 사이판

8. 보유 항공기

B737-800

45대(2021년 08월 31일 기준)

9. 캠페인 : 제주항공 친환경 캠페인

"지구를 리프레시, Refresh Earth"	– 그린크루(Green Crew) – 그린캐빈(Green Cabin) – 그린 트래블러(Green Traveler) – 친환경 사회공헌활동(ESG)

10. 사회공헌 활동

행복나눔	– 여성가족부 다문화 가정 모국방문 지원 – 서울시 한부모가정 괌 리프레시 여행 지원

		– 열린의사회 해외 의료봉사
		– SOS 어린이마을 행복 나눔 느영나영 봉사활동
		– 강서 노인 종합복지관 행복 나눔 느영나영 봉사활동
안전문화		– 항공안전체험교실 운영
제주지역		– 제주도 아동복지시설 수학여행 지원
		– 제주보육원 재능기부 교육활동/장학금 지원 사업

11. 수상 내역(2020년 이후 내역)

2020년 한국 산업 브랜드 파워(K–BPI) 저비용항공(LCC)부문 6년 연속 1위

2020 대한민국 친환경상품 '그린스타' 저비용항공 부문 2년 연속 1위

2020년 국가 고객만족도(NCSI) LCC부문 1위

12. 채용 절차

◎ 모집 부분

구분	모집 분야	근무지	인원	직무내용	지원자격 및 우대사항
정규직 전환형 인턴 (일반)	객실 승무원	서울/ 인천	00	기내 안전 및 대고객 서비스 담당	[필수] 공인어학 성적 보유자(아래 내용 중 1개 이상 해당자) – TOEIC 550점 이상 – TOEIC SPEAKING Lv.5 이상 – OPIc IM 이상 [우대] 제주항공 취항노선 언어(영어 외) 회화 가능자 및 공인 어학성적 보유자

| 정규직
전환형
인턴
(재주
캐스팅) | 객실
승무원 | 서울/
인천 | 00 | 기내 안전
및
대고객
서비스 담당 | [필수]
공인어학 성적 보유자(아래 내용 중 1개 이상
해당자)
− TOEIC 550점 이상
− TOEIC SPEAKING Lv.5 이상
− OPIc IM 이상 |

* 접수 마감일 기준, 2년 이내 취득한 공인어학점수에 한하여 인정

◉ 접수 방법

제주항공 채용 홈페이지(http://recruit.jejuair.net)의 '지원서 작성'란에서 해
당 공고 선택하여 작성 후 제출

◉ 전형 절차

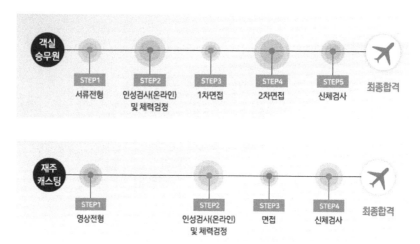

◎ 공통사항

1) 지원 자격

- 기졸업자 또는 졸업예정자(전문학사 또는 동등 학력 소지자)
- 남자의 경우, 병역의 의무를 필하거나 면제된 자
- 해외여행 결격사유가 없고, 제주항공 전 노선에서 근무 가능한 자

2) 우대사항

- 장애인 및 국가보훈 대상자는 관련법에 의거 우대
- '국민체력100' 1~3등급 인증서 보유자 서류전형 우대(접수 마감일 기준 1년 이내 취득한 인증서에 한해 인정)

◎ 재주캐스팅 전형 주제

- 나만의 여행지(먹거리 또는 볼거리, 즐길거리 등) 추천 영상
- 제주항공의 먹거리(에어카페 또는 사전주문기내식) 관련 홍보/마케팅 아이디어 영상
- 제주항공의 즐길거리(JJ라운지 또는 뉴클래스) 관련 홍보/마케팅 아이디어 영상

- 'New Standard 제주항공'에 부합하는 내용으로 다음의 주제 중 하나를 선택하여 영상을 제작하여 첨부
  * 영상 제작 시 유의사항
- 영상 시간 : 50~90초 이내
- 용량 : 최대 20MB
- 확장자명 : *.avi 또는 *.mp4(기타 확장자명은 지양)

○ 참고사항

- 인턴(수습) 기간은 최대 2년이며, 해당 기간 종료 전 평가를 통하여 정규직 전환
- 각 전형 간 중복 지원 절대 불가

제 4 절 진에어(Jin Air, LJ)

1. 설립 연도 : 2008년 01월 23일

2. 비전(Vision) : Fly, better fly "아시아 대표 실용 항공사" 즐거운 여행의 시작과 끝, 더 나은 여행을 위한 가장 스마트한 선택

3. 미션(Mission)

 합리적인 소비자가 선택하는
스마트 & 실용 항공사

 다양하고 차별화된 서비스와 즐거움을 제공하는
딜라이트 항공사

 글로벌 스탠다드 수준의
안전하고 신뢰가 가는 항공사

4. 핵심가치 : 4 CORE VALUE

SAFETY
타협 없는 절대 안전

PRACTICALITY
언제나 실용적인

CUSTOMER SERVICE
칭송받는 고객서비스

DELIGHT
친숙한 기쁨과 행복

5. 심벌마크

명칭	나비
의미	자유롭게 날아다니는 나비의 형상에 비행기를 결합하여, 한자리에 머무르지 않고 새롭고 이국적인 곳을 향해 떠나는 여행자의 특성을 상징

6. 보유 항공기 : 총 23대(2021년 08월 31일 기준)

기종	보유 대수
B777-200ER	4대
B737-800	19대
총 계	23대

7. 취항 노선 : 한국, 중국, 일본, 필리핀, 태국, 베트남, 라오스, 말레이시아, 오스트레일리아, 하와이, 괌

8. 채용 절차

◎ **지원 자격**

- 전문학사 이상 기졸업자 또는 졸업예정자로 전 학년 성적 평균 2.5 이상(4.5만점)인 자
- TOEIC 550점 또는 TOEIC SPEAKING Lv.6 이상 또는 OPIc Mid Lv 이상 어학 자격증 보유자(유효기간에 한함)
- 교정시력 1.0 이상
- 남자의 경우 병역 필 또는 면제

◎ **지원 방법** : 홈페이지(http://jinair.career.co.kr)

◎ **전형 절차**

| | 2차면접 및 영어구술 테스트 | | 최종합격 |
| 서류전형 | | | |

| | 최종합격 | | 건강진단 및 체력 테스트 | |

제 5 절 티웨이항공(T'way Air, TW)

1. 설립 연도 : 2018년 08월 01일

2. 경영 이념 : 함께 하는 우리들의 항공사

3. 비전(Vision)

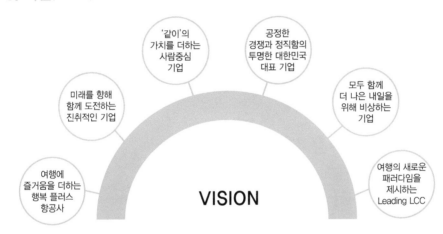

4. 미션(Mission) : 첫째도 안전, 둘째도 안전!

5. 핵심가치 5S

Safety	승객의 안전은 티웨이항공의 최우선 가치
Smart	합리적인 운임과 실용적인 서비스
Satisfaction	고객 만족 경영
Sharing	고유가치 창출
Sustainability	지속 가능 경영

6. 보유 항공기

- B737-800
- 27대(2021년 07월 기준)

7. 운항 노선

- 총 55개 노선
- 국제선 47개, 국내선 8개

8. 로고 타입

모두 소문자로 구성된 티웨이항공의 메인로고는 기성세대의 틀을 깨고 세련되면서도 합리적인 태도로 고품격 항공서비스를 제공하겠다는 항공사의 의지를 내포하고 있다.

경쾌하고 즐거운 축제를 떠올리게 하는 카니발레드(carnival red) 및 스코틀랜드와 잉글랜드의 합병으로 그레이트브리튼 왕국이 성립·영국 전성기를 상징하는 퀸앤그린(Queen Anne Green) 컬러를 이용, 티웨이 정신을 바탕으로 항공 업계의 새로운 미래를 창조해 나가겠다는 다짐을 의미한다.

9. 사회공헌 활동(2019년)

- 대구오페라하우스 위탁 가정 초청 오페라 관람

대구 강동 어르신 행복센터 봉사활동

세이브더칠드런 국제어린이 마라톤 참여

'쉼봉사' 소방관과 함께하는 벽화 그리기 봉사활동

대구 입석초 '상상놀이터' 개장식

세이브더칠드런 연계 기브투게더 캠페인 1주년 개함식

대구 함지노인복지관 봉사활동

소방관 사랑나눔 기부금 전달

기내 달력 판매 수익금 전액 기부

대구 위탁아동 가정 초청 겨울방학 영화관람

대구 위탁가정지원센터 예림당 WHY 시리즈 책자 기증

10. 채용 절차

◎ 응시 자격

− TOEIC 600점 이상 성적 소지자(2년 이내의 국내 정기시험 취득 조건)

− 제2외국어(중국어, 일본어) 능력 우수자 우대

− 전문대졸 이상, 전공 무관

− 기졸업자 및 졸업예정자

− 해당 분야 관련 자격증 소지자 우대

− 외국어 능력 우수자 우대

− 취업보호 대상자 및 장애인은 관련법에 의거 우대

− 남자의 경우 병역 필 또는 면제자

− 해외여행에 결격사유가 없는 자

－ 신체검사 기준에 결격사유가 없는 자

전형절차

| 서류
전형 | 1차
면접 | 2차
면접 | 수영
테스트 | 3차
면접 | 신체
검사 | 최종
합격 |

제 6 절 **에어서울(Air Seoul, RS)**

설립 연도 : 2015년 04월 07일

경영 이념 : 가장 안전하고 고객에게 행복을 주는 으뜸 항공사

기업 철학 : 누구나 즐겁게 이용할 수 있는 신뢰받는 항공사

Slogan : "It's mint time"(행복한 서비스)

1. 기업 문화

소통하고 배려하는 조화로운 문화
- 서로를 아끼고 존중하는 아름다운 회사
- 고객과 소통하는 열린 회사

AIR SEOUL

변화를 두려워하지 않는 도전적인 문화
- Trend를 이해하고 변화를 주도하는 회사
- 끊임없이 연구하여 Market을 리드하는 회사

긍정의 에너지가 넘치는 창의적인 문화
- 젊음과 패기가 넘치는 활기찬 회사
- 창의적인 아이디어를 지향하는 혁신적인 회사

2. 보유 항공기

A321-200

7대(2018년 11월 기준)

3. 운항 노선

총 19개 노선(2018년 11월 기준)

일본 13개 노선, 홍콩 1개 노선, 동남아 4개 노선, 대양주 1개 노선

4. 채용 절차

◎ 지원 자격

- 학력 : 전문학사 이상 학력 소지자(기졸업자 및 졸업예정자)
- 전공 : 제한 없음
- 어학 : 국내 정기 TOEIC 성적(지원마감일 기준 2년 이내)을 소지하신 분
  (필수) * 어학 성적 우수자 전형 시 우대
- 신체 조건 : 기내 안전 및 서비스 업무에 적합한 신체조건을 갖춘 분
- 시력 : 교정시력 1.0 이상 권장(라식 및 라섹 수술의 경우 3개월 이상 경과 권장)
- 병역 : 남자의 경우 병역을 필하였거나 면제된 분
- 기타 : 영어 구술 성적표(TOEIC Speaking, GTS 구술시험, OPIc)는 소지자
  에 한하여 기재하며 성적 우수자는 전형 시 우대
- * 외국어 성적의 경우 지원마감일 기준 2년 이내 국내 정기시험 성적만
  인정

◎ 전형절차

- 2차 임원면접 합격자에 한하여 체력 측정/건강검진/인성 검사 실시
- 체력측정 항목 : 배근력, 악력, 윗몸 일으키기, 유연성

제7절 에어부산(Air Busan, BX)

1. 설립 연도 : 2007년 08월 31일

2. 비전(Vision) : 아시아 최고의 LCC

3. 미션(Mission) : 최고의 고객가치 창조

4. 핵심가치 : 안전, 편의, 실용

5. 서비스 모토

6. 조직문화 : 재미(Fun), 자부심(Pride), 신뢰(Trust)

7. 보유 항공기 : 총 27대(2021년 08월 31일 기준)

기종	보유 대수
A321LR	3대
A321-200	16대
A320-200	8대
총 계	27대

8. 사회공헌 활동

꿈의 활주로 프로젝트	– 드림보탬 장학금 시원 – 이대호 선수와 함께하는 꿈의 야구교실 – 대구지역 '꿈의 활주로 청소년 여행' 실시 – 드림 아카데미
글로벌 사회공헌	– 몽골 근로자 자녀 가족 상봉 프로그램 – 해외 취항지 의료봉사 실시 – 해외 취항지 구호 성금 전달
지역사회공헌	– 기내 사랑의 동전모으기 모금액 기부 – 승무원 봉사동아리 '블루엔젤' – 임직원 급여 끝전 기부 – 대구 지역 '행복 활주로 가족 여행' 실시
문화예술 지원	– 지역 행사 후원 '웃음 전용기' – 청소년 교육시설 건립 후원 – 지역행사 항공권 및 기부금 지원

9. 채용 절차

◎ 지원 자격

– 전문학사 이상 자격 소지자(기졸업자 또는 졸업예정자)

- 전공 무관
- 어학 : 국내 정기 영어시험 성적 소지자(필수), 영어 · 일본어 · 중국어
  성적 우수자 전형 시 우대(지원 마감일 기준 2년 이내 국내 정기시험에 한함)
- 신체조건 : 기내 안전 및 서비스 업무에 적합한 신체조건을 갖춘 분
- 병역 : 남자의 경우 병역을 필하였거나 면제된 분
- 기타 : 해외여행에 결격사유가 없는 분

◎ 전형 절차

입사지원 ▶ 서류전형 ▶ 1차면접 ▶ 2차면접 ▶ 체력측정 신체검사 ▶ 최종합격

◎ 참고 사항

- 모든 전형 과정에서 증명사진을 제출하지 않음
- 모든 전형 과정은 부산에서 진행됨
- 체력측정항목 : 악력, 배근력, 유연성, 지구력
- 수영 : 자유형 25m 완영 조건

PART

IV

항공사
입사지원서
작성 전략

기업별 직원을 채용할 때 그 절차에 따라 서류전형에서 합격해야 다음 절차인 면접 단계로 갈 수 있다. 항공사 객실승무원도 마찬가지이며, 우선 서류전형에서 합격하는 것이 관건이다.

서류전형에 필요한 입사지원서는 이력서와 자기소개서로 구성되어 있으며 자신을 알리는 기초 제안서이고, 면접에서 논리적으로 답변할 수 있는 중요한 자료가 된다. 또한 입사지원서는 인사담당자와의 첫 만남이다.

항공사의 경우 서류전형은 인터넷으로 작성하여 제출하도록 되어 있으며, 각 항공사별로 양식이 다소 상이하다. 그러나 그 내용은 대동소이하므로 긴장할 필요는 없다. 그러나 반드시 항공사별 해당 양식에 맞추어 작성해야 한다.

각 항공사별 서류전형에서 합격하는 비율은 다르지만 대형항공사는 합격률이 비교적 높은 편이고, 저비용항공사는 상대적으로 좀 낮다. 대한항공의 경우 서류로만 지원자를 판단하기에 부족하다고 생각하고 조건에 부합하는 많은 지원자들을 직접 대면하여 면접에서 평가하고자 한다. 그렇다고 성의 없이 입사지원서를 작성한다면 서류탈락을 하거나 면접에서 큰 망신을 당하고 불합격할 수 있음을 명심하자.

입사지원서는 기업에서 모든 지원자를 동일한 조건에서 비교하기 위함이다. 그러므로 입사지원서 양식의 공란은 전부 채우는 것이 좋다. 공란이 많다는 것은 성실성이나 입사 열의가 부족한 것으로 인식될 수 있어 좋은 평가를 받기 어렵다. 그렇다고 거짓으로 칸을 채우는 것은 더욱 좋지 않다. 만약 서류전형에서 합격하여 면접채용에 임하게 되었을 때 거짓임이 드러나 더욱 안 좋은 이미지를 전달할 수 있기 때문이다.

입사지원서를 완성하면 최종적으로 다음 사항들을 점검해 본다.

전체적으로 편집이 깔끔한가(글씨체, 글씨 크기, 글씨 색상, 글 간격, 문단 모
양, 줄 맞춤 등)

등록한 사진은 단정하고 이력서에 적합한가

자격요건에 부합되는 내용이 누락되지 않았는가

오타와 공란 없이 충실하게 작성되었는가

전문가의 도움을 받는다.

06

Chapter

이력서

항공사들은 각 항공사의 채용사이트에 채용공고를 하고 항공사 사이트 내에서 이력서와 자기소개서를 작성하여 제출하도록 하고 있다. 항공사별 양식에는 다소 차이가 있지만 내용 구성은 별다르지 않다. 다만 인터넷으로만 접수가 가능하다는 점을 고려하여 제출 기한 마지막 날 마감 시간에 임박하여 제출하려고 하면 서버에 문제가 발생하여 제출되지 않을 수 있으므로 미리 준비하여 마감일 전에 제출하도록 한다.

제1절 대한항공(Korean Air, KE)

▶ 기본지원사항

| *응시분야 | 객실승무직 ▼ | 객실승무원 ▼ | 국제선 ▼ |
| *1차면접 희망지역 | ▼ | * 면접장소는 회사 사정에 따라 변경될 수 있습니다. | |

▶ 기본인적사항

	*성명		한자성명	성 □ 이름 □
찾아보기…	*영문성명	성 □ 이름 □	여권에 기재된 영문 성명 입력바랍니다.	
사진을 등록바랍니다. -200KB이내의 JPG파일 -120 X 150 PIXEL -3cm X 4cm	*주민번호 앞자리 및 뒤 첫자리 ex)0110714-2*****	□ - □ ******	*국적	대한민국 ▼
	*아이디	□ @ Naver.com ▼		
	*휴대폰	▼ □ - □		
	*비상연락처	□ - □ - □		
*현주소				
*보훈대상여부	● 비대상　○ 대상		보훈번호	
*장애여부	● 비대상　○ 대상		장애유형	▼
장애등급	▼		장애등록일	
*취미				

저장

▶ 학력사항

학력구분	[▼]	해외구분	○ Y ◉ N		
학교명					
입학년월	[ ] [▼]	졸업년월 (졸업예정일)	[ ]	재학/졸업 구분	[▼]
소재국가	대한민국 [▼]	소재도시	[▼] [ ]		
학점	[ ] / [▼] 만점	학위구분	[▼]		
주전공계열	[▼]	주전공			
복수(이중)전공계열	[▼]	복수(이중)전공			
무전공계열	[▼]	무전공			
논문주제					

▶ 경력사항

경력구분	[▼]	정규직여부	[▼]
근무처		담당업무	
직위	[▼]	근무기간	[ ] ― [ ]
재직상태	[▼]	사직사유	[▼]

[저장]

▶ 자격면허

자격명			
자격등급	[▼]	자격증번호	
발급기관		취득일자	

[저장]

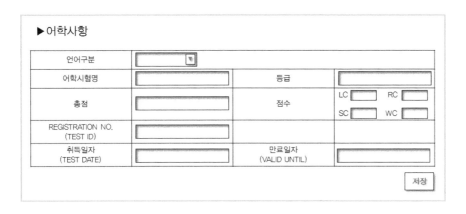

▶어학사항

언어구분	▼		
어학시험명		등급	
총점		점수	LC ☐ RC ☐ SC ☐ WC ☐
REGISTRATION NO. (TEST ID)			
취득일자 (TEST DATE)		만료일자 (VALID UNTIL)	

저장

제2절 ## 아시아나항공(Asiana Airlines, OZ)

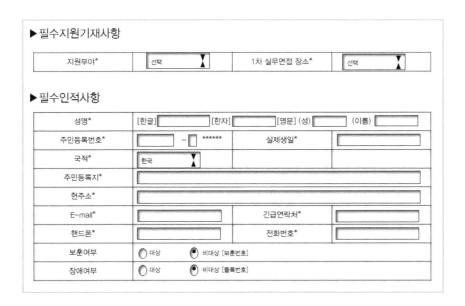

▶필수지원기재사항

지원부야*	선택 ▼	1차 실무면접 장소*	선택 ▼

▶필수인적사항

성명*	[한글] [한자] [영문] (성) (이름)
주민등록번호*	☐ – ☐ ****** 실제생일*
국적*	한국 ▼
주민등록지*	
현주소*	
E-mail*	긴급연락처*
핸드폰*	전화번호*
보훈여부	◯ 대상 ● 비대상 [보훈번호]
장애여부	◯ 대상 ● 비대상 [등록번호]

▶신상정보

신체정보*	[혈액형] [신장] [체중]		
	[나안시력] (좌) (우) [교정시력](좌) (우)		
형제관계/결혼	[형제관계] [결혼여부] 미혼 / 기혼		
취미	특기 종교 선택		

▶공인외국어시험

공인외국어시험명	점수(급)	수험번호(토익만)	발급번호	취득일자	삭제
공인외국어시험선택	점(숫자만)				삭제
					항목추가

▶해외경험사항

목적	지역	체류기관(장소)	체류기간	해외경험내용	삭제
선택	선택				삭제
					항목추가

▶ 학력사항

학력	학교명	전공	재학기간	구분	취득학점
고등학교	학교검색 □ 해외고시 □ 검정고시	고교계열선택		주/야간 소재지	
전문대	학교검색 대학계열선택	전공검색		주/야간 소재지	만점선택 평점:
대학교	학교검색 대학계열선택	전공검색 부/복수		주/야간 본/분교 소재지	만점선택 평점:
편입대학교	학교검색 대학계열선택	전공검색 부/복수		주/야간 본/분교 소재지	만점선택 평점:
대학원(석사)	학교검색	전공검색 과정선택		주/야간 본/분교 소재지	만점선택 평점:
대학원(박사)	학교검색	전공검색 과정선택		주/야간 본/분교 소재지	만점선택 평점:

▶ 근무경력사항

고용형태	회사명	월급여	재직기간	부서명(직급)	담당업무내용	이직사유(재직)	삭제
선택							삭제

항목추가

▶병역사항

병역구분		군별		병과		계급		제대구분	
복무기간						면제사유			

▶자격증

자격증	국내외구분	발급기관	등록번호	취득일자	삭제
					삭제
					항목추가

▶동아리/봉사활동

구분	활동단체	활동기간	주요활동내용	삭제
				삭제
				항목추가

▶포상/징계

포상/징계명	기관	일자	내역	삭제
				삭제
				항목추가

07

Chapter

자기소개서

    항공사의 자기소개서 양식은 이력서 양식 가장 마지막 단계에 있다. 각 항목은 채용 차수에 따라 변동될 수도 있고, 그렇지 않은 경우도 있다. 자기소개서 항목은 4~5개 정도로 구성되어 있으며 지원자의 가치관, 생활방식, 직무에 대한 이해도, 발전 가능성, 열정 등을 엿볼 수 있는 것들이다. 그러나 질문 자체가 직접적으로 '당신의 가치관은 무엇입니까?'와 같은 형식은 아니다. 한 차원 더 깊이 들어가 질문을 하고 있으며 자기소개서 작성 문구도 제한된 글자 수 이내로 해야 한다. 단순한 생각으로 접근하여 자기소개서를 작성하려고 하면 좋은 내용을 작성하기 어렵다. 여러 번의 수정과 보완을 거쳐야 하며, 그 내용을 충실히 작성하기 위해서는 평소의 생활에서 많은 경험과 생각, 노하우 등이 축적되어 있어야 가능하다.

제1절 자기소개서 작성법

1. 첫 문장으로 사로잡아라

항공사의 객실승무원 채용 공지가 나면 보통 10,000명 이상의 지원자들이 서류전형에 지원한다. 제한된 인력과 시간으로 접수된 모든 이력서와 자기소개서를 꼼꼼히 살펴보기란 현실적으로 어렵다. 그렇다고 인사담당자들이 안 보는 것은 아니다. 그럼 무엇에 주안점을 두고 작성해야 인사담당자들의 눈에 띌 것인가. 이력서에 빈칸이 많으면 당연히 불성실해 보이거나 열정이 없어 보이므로 탈락의 가능성이 크다. 자기소개서도 읽어보려고 하지만 처음부터 뻔한 내용이거나 두서없이 써내려간 내용을 끝까지 읽어줄 담당자는 없다. 인사담당자들의 눈을 사로잡아야 한다. 그러기 위해서는 첫 문장으로 호감을 줄 수 있도록 작성하는 것이 필요하다. 나의 자기소개서를 읽어 내려갈 수 있도록 관심을 끌어야 한다. 유튜브에서 채널이 시작될 때 광고가 나온다. 그러나 보통 광고 건너뛰기 글자가 보이기 무섭게 바로 클릭하고 광고를 넘겨버린다. 어떤 광고는 본인도 모르게 끝까지 보는 경우도 있다. 그것의 차이는 무엇인가. 즉 유튜브 광고는 5초가 관건이라는 결과다. 자기소개서도 마찬가지다. 인사담당자가 나의 자기소개서를 읽도록 만드는 것은 첫 문장, 첫 줄이 결정짓는다.

내 글을 읽어보고 싶도록 하고 싶다면, 창의적인 '소제목'을 활용하는 것도 좋은 방법이다. 기억에 오래 남는 광고 카피 문구처럼 나만의 색을 드러낼 수 있는 소제목을 정해 본다.

2. 나만의 스토리텔링을 하라

자기소개서는 나만의 스토리를 가지고 나의 고유한 색을 명확히 하는 것이어야 한다. 뻔한 스토리는 이제 그만! 인사담당자들은 한두 개의 자기소개서를 검토하는 것이 아니다. 어떤 지원자들은 인터넷에 떠도는 합격 자기소개서 샘플들 중에서 복사해서 제출하는 경우도 있다. 그러나 이것저것 남의 것을 복사하게 되면 항목별 내용의 일관성이 없어지고 결국 나만의 색이 없어지고 만다. 자신의 생각과 경험들을 녹여낸 진솔한 자기소개서가 상대방에게 감동을 줄 수 있고 좋은 평가를 받을 수 있다.

3. 주장/결론을 먼저 작성하라

항목별 자기소개서를 작성할 때 가장 첫 문장은 항목의 답변 즉 '주장 또는 결론'을 먼저 말한다. 이런저런 내용을 쓰다가 마지막에 나의 주장을 작성한다면 그 주장은 아무도 읽지 않을 수 있다는 점을 잊지 말자.

그렇다고 주장만 한다고 끝이 아니다. 그 주장을 뒷받침해 줄 수 있는 근거를 제시해야 한다. 근거를 제시하지 못하면 그것은 주장이 아니라 우기는 것밖에 안 된다. 자기소개서 작성 시, '주장(결론) - 근거(사례) - 맺음말(주장)'의 순서대로 작성한다면 나의 주장을 효과적으로 전달할 수 있고 그 주장에 신뢰도를 더해줄 수 있다.

4. 나만의 사건을 제시하라

나의 주장을 뒷받침해 줄 수 있는 근거를 제시할 때, 나의 경험을 토대로 한 사건을 제시하는 것이 좋다. 실제로 일어났던 나만의 사건을 토대로 근거와 이유를 제시한다. 이때 주의할 것은 사실 위주로 나열하는 것이 아니라는 것이다. '이것을 하였고, 저것을 하였고' 등의 사실만을 나열하는 것으로 내용이 채워진다면 그것은 아무런 의미가 없다. 하나의 사건을 제시하더라도 그 사건이 발생하게 된 상황, 나의 위치, 나의 역할, 성과 또는 실패 등을 작성하여 그 사건을 통해 배운 것과 느낀 것 그리고 직무와의 연관성 등으로 연결지을 수 있다. 이러한 내용에서 인사담당자들은 지원자의 가치관, 대인관계, 역량, 열정, 발전 가능성, 직무 적합성 등을 살펴볼 수 있다.

5. 구체적이고 명확한 단어와 문장을 사용하라

자기소개서를 작성할 때 문장은 가급적 간결하게 작성한다. 지원자들의 자기소개서를 보면 2~3줄이 한 문장인 경우도 다반사다. 문장이 길어지면 어떤 메시지를 전달하려고 하였는지 그 의미가 퇴색되어 작성하는 사람도 읽는 사람도 핵심을 찾기 어려워진다. 그러므로 문장은 간결하게 작성하는 것이 좋다. 또한 문장을 구성하는 단어는 구체적이고 명확한 것을 선별하여야 한다. 그저 뜬구름 잡는 듯한 애매한 내용은 자신의 생각을 전달하는 데 어려움이 있다. 대부분의 지원자들이 누구나 할 법한 말들로만 자기소개서를 작성하는 경우가 있는데, 이러한 자기소개서는 담당자들이 끝까지 읽지 않는다. 그럴 필요성을 느끼지 못하기 때문이다. 단어를 선별하여 적절한 문장을 이끌어내는 것은 어려운 일이다. 그러므로 평소에 독서를 하며 다양한 단어와 표현에 능숙해질 필요가 있다.

6. 일관성 있는 표현을 하라

여러 항목의 자기소개서를 작성할 때 전체 틀에서 일관성 있게 작성하는 것이 좋다. 예를 들어 소제목을 사용했다면 모든 항목에 소제목을 사용하는 것이 맞다. 어느 항목에는 소제목을 사용하고 어느 항목은 사용하지 않는 것은 좋지 않다. 그리고 소제목을 작성할 때도 서술형으로 소제목을 사용했다면 다른 항목의 소제목도 모두 서술형으로, 명사형으로 사용했다면 명사형으로 통일시키는 것이 좋다. 글씨체나 글 간격, 문단 모양 등도 같은 형식으로 작성하는 것이 깔끔하다.

항목별 작성된 내용은 모두 한 사람 즉, 지원자를 가리키고 있어야 한다. 다른 사람들의 것을 복사하여 작성한 경우 항목마다 다른 사람의 이야기라는 것을 느끼게 한다.

7. 직무와의 연관성을 어필하라

자기소개서의 항목은 다양하다. 그러나 결국 기업에서 알고자 하는 것은 지원자의 직무 적합성과 조직 적합성이다. 직무를 잘 수행할 수 있는 역량을 갖추었는지, 직무를 수행하기 위한 준비가 어느 정도 되었는지, 입사 이후 선후배 및 동료들과 팀워크를 이루며 잘 적응해 나갈지에 관한 것들이다.

본인의 장점을 적으라고 했을 때, 직무와 거리가 먼 장점을 작성하는 것보다 직무수행에 도움이 되는 장점을 작성하는 것이 바람직하다. 결국 모든 항목의 답은 지원하는 직무와 연관지어 결론을 맺는 것이 필요하고, 드러내지는 않더라도 내용에 직무와 연관되어 있음을 느끼게 할 필요가 있다.

8. 제한 글자 수는 맞춰라

자기소개서의 경우, 기업에 따라 다르지만 항공사의 경우 글자 수를 제한하는 경우가 대부분이다. 인터넷으로 접수하는 경우 용량 관련하여 글자 수를 제한하고 있으며 항공사별로 그 제한하는 수는 다르다.

그럼 어느 정도 내용을 작성하는 것이 좋을까 고민하게 된다. 만약 600자 이내로 작성하라고 했을 때에는 가급적 600자에 가깝도록 작성해야 한다. 590~600자 사이로 작성할 수 있도록 수정하는 것이 좋다. 다른 지원자들의 자기소개서와 비교해 볼 때 몇 줄만 적어도 매우 성의가 없어 보인다.

작성해 보면 600자 이내로 작성하는 것이 많은 내용을 축약해야 하므로 어렵게 느껴질 수도 있고 전혀 작성할 내용이 없어서 고민하는 경우도 생긴다. 자신이 생각하는 바를 제한된 글자 수에 잘 녹여내고 항목별로 각기 다른 내용으로 작성하기 위해서는 평소 생활 중 다양한 경험과 노력, 깊이 사고하는 습관이 있어야 한다.

◑ 자기소개서에 사용하는 나쁜 표현의 예

– 엄격하신 아버지와 자상한 어머니 사이에서 태어나~

- ~ 뽑아만 주신다면(시켜만 주신다면) 무슨 일이든 하겠습니다.

- 귀사가 ~귀사에 항상 관심 있습니다.(귀사 반복)

- 솔직히 말씀드리면

- 나는, 저는 약속드립니다.(나는, 저는 반복)

- 학창 시절 결석 한번 없이 성실하게 생활했으며

- 귀사를 통해 발전하도록 하겠습니다.

◉ 자기소개서에 사용하는 좋은 표현의 예

- (이 회사/직무)에 지원하기 위해 ~준비를 하였습니다.

- 책임감을 가지고 있기 때문에

- ~했지만 ~을 통해 극복했습니다.

- 항상 웃음을 잃지 않고 긍정적으로

- ~년 후 ~분야에서 전문가가 되고 싶습니다.

- 친구가 많고 대인관계가 좋은 편입니다.

- ~한 경험을 통해 ~을 키웠습니다.

◉ 자기소개서 작성 TIP

- 진정성 우선

- 글 전체의 틀이 중요

- 결론부터 말하기

- 모호한 표현 금지

- 주장의 근거가 되는 자료 활용

- 반복 표현 피하기
- 주요 핵심 단어 위주로 전개
- 자신만의 에피소드 활용

제2절 국내 항공사별 자기소개서

항공사별 자기소개서 항목을 잘 살펴보면 각 항공사의 특성과 인재상을 엿볼 수 있다. 대형항공사와 저비용항공사의 특성과 인재상의 차이를 알 수 있는데, 그것은 항공사의 각기 다른 근무환경과 노선, 기업 문화 등에 따른 것이다.

항공사별 자기소개서 항목은 각기 다르다. 동일 항공사에서도 채용하는 차수에 따라 그 항목이 달라지기도 한다. 그러나 기존의 문항들을 살펴보며 연습하면, 낯선 문항을 접하게 되더라도 방향을 잘 잡아 작성할 수 있게 된다.

다음은 대한항공과 아시아나항공의 지난 신입 객실승무원 채용 시 출제되었던 자기소개서 문항들이다. 각 내용에 적합한 자기소개서를 윗장에서 언급된 유의사항을 기억하며 작성해 보도록 한다.

⊙ 대한항공 자기소개서 항목

대한항공 2019년 하반기 신입 객실승무원 자기소개서 항목

1. 본인이 직장을 선택할 때의 기준을 명시하고, 대한항공을 선택하게 된 사유에 대하여 기술하시오.(600자 이내)

2. 살아오면서 본인이 새로운 아이디어를 제시하였던 경험을 그 결과(무엇이 어떻게 변화하였는지)와 함께 기술하시오.(600자 이내)

3. 함께 일하고 싶은 유형과 함께 일하기 싫은 유형을 기술하고, 그 두 유형의 사람들과 협력하여 공동의 목표를 달성하기 위한 방안을 기술하시오.(600자 이내)

4. 대한항공이 글로벌 항공업계를 선도하기 위하여, 현재 어떠한 준비를 해야 할 것인지에 대하여 본인의 의견을 기술하시오.(영업, 노선전략, 서비스, 마케팅, 고객경험, 재무, 정비, 항공기 생산 등 여러 업무 분야 중 1 가지만 선정하여 기술. [열거된 분야 외 자유롭게 선정 가능])(600자 이내)

◉ 아시아나항공 자기소개서 항목

아시아나항공 2019년 캐빈승무원 자기소개서 항목

1. 귀하가 금호아시아나그룹(1지망 회사)을 지원하게 된 동기에 대해 서술해 주십시오. [100자 이상 500자 이내]

2. 입사 후 10년 내 회사에서 이루고 싶은 목표는 무엇이며, 그것을 추구하는 이유와 이를 달성하기 위한 계획을 서술해 주십시오. [100자 이상 500자 이내]

3. 귀하가 지원한 직무는 무엇이며, 해당 직무에 관심을 갖게 된 계기와 이를 잘 수행할 수 있다고 생각하는 이유를 본인의 역량, 준비과정 및 관련 경험을 근거로 서술해 주십시오. [100자 이상 500자 이내]

4. 도전적인 목표를 정하고 열정적으로 일을 추진했던 경험과 관련 추진과정에서 겪은 어려움, 이를 극복한 방법, 그리고 그 일의 결과를 중심으로 서술해 주십시오. [100자 이상 500자 이내]

◉ 제주항공 자기소개서 항목

제주항공 2019년 객실승무원 자기소개서 항목

1. 다른 항공사가 아닌 제주항공에 지원하신 이유를 다음 내용을 꼭 포함하여 기술해 주십시오.(2,000자)
   - 지원자의 제주항공 연관 및 해당 경험이 본인에게 주는 의미
   - 회사를 선택하는 본인만의 기준과 제주항공이 그 기준에 부합하다고 생각하는 이유

2. 해당 직무에 지원하신 이유를 다음 내용을 꼭 포함하여 기술해 주십시오. (100~2,000자)
   - 해당 직무를 지원하기 위하여 남들과 차별화된 본인만의 노력
   - 항후 해당 직무를 수행하는 데 있어서 어려울 것으로 예상되는 점과 본인이 남들과는 다르게 그 어려움을 잘 극복할 수 있는 이유

3. 본인에게 '직업(일)으로써 승무원'이란 어떤 의미를 가지고 있는지 설명해 주세요. 본인만의 특별한 '직업관'이 있다면 같이 설명해 주세요.(100~2,000자)

◎ 에어서울 자기소개서 항목

에어서울 2018 & 2019년 객실승무원 자기소개서 항목

1. 에어서울의 승무원이 되어 이루고 싶은 목표는 무엇인지 기술하여 주십시오. (500자)

2. 본인의 성격, 특징 등을 표현할 수 있는 단어 3개를 제시하고, 그러한 특성이 형성되는 데 영향을 미친 경험에 관하여 기술하여 주십시오.(500자)

3. 인생에서 겪은 가장 힘들었던 경험은 무엇이며, 이를 어떻게 극복하였는지 기술하여 주십시오.(500자)

4. 평소 에어서울의 서비스 마케팅 전략 중에서 개선했으면 하는 부분이나, 본인이 입사 후 새롭게 추가하고 싶은 서비스 마케팅 전략이 있다면 무엇인지 기술하여 주십시오.(500자)

5. 귀하가 생각하는 바람직한 서비스인의 모습과 최고의 서비스 경험에 대해 기술하여 주십시오.

● 진에어 자기소개서 항목

진에어 2018 객실승무원 자기소개서 항목

1. 귀하의 성장과정, 학교생활 등에 대해 기술하여 주시기 바랍니다.
   (100자 이상 1,000자 이내)

2. 성격의 장단점 및 생활신조에 대해 기술하여 주시기 바랍니다.
   (100자 이상 600자 이내)

3. 진에어에 지원하게 된 동기와 입사를 위해 구체적으로 어떤 노력을 해 왔는지 기술해 주십시오.(100자 이상 600자 이내)

4. 공동의 목표를 달성하기 위해 타인과 협업했던 경험과 그 과정에서 귀하가 수행한 역할, 그리고 해당 경험을 통해 얻은 것은 무엇인지 구체적으로 기술해 주십시오.(100자 이상 600자 이내)

5. 귀하가 생각하는 바람직한 서비스인의 모습과 최고의 서비스 경험에 대해 기술하여 주십시오.(100자 이상 600자 이내)

PART

V

효과적인
면접 전략

08
Chapter

면접 실전 전략

면접에서는 지원자의 입사지원서 내용을 바탕으로 성격이나 성품을 살펴보고, 해당 직무와 본 기업에 왜 지원했는지 여부, 열의와 열정, 관련 분야 지식이나 지적 수준, 교양 수준을 평가한다. 또한 다양한 언어능력과 순발력, 사회성, 협조성, 배려심, 리더십 등 해당 직무에 적합한 인재인지 종합적으로 인물을 평가하는 것이다.

지원자는 항공객실승무원에 적합한 인재임을 증명하는 자리가 바로 면접이라 생각하고 철저한 준비를 해야 한다. 또한 면접에서 좋은 결과를 얻기 위해서는 직무에 적합한 이미지메이킹과 적절한 스피치 능력이 조화를 이룰 수 있도록 적절한 전략을 준비해야 한다.

제1절 면접 이미지메이킹

실전 면접에서 항공객실승무원으로서 적합한 이미지, 해당 항공사에 적합한 인재로서의 이미지를 연출하여 합격으로 이어질 수 있도록 해야 한다. 수많은 지원자들 가운에 본인을 어필하기 위해서는 호감으로 승부하는 것이 필요하다. 면접에 임하는 시간이 그리 길지 않기 때문에 첫인상을 중심으로 한 이미지메이킹 전략이 필요하다.

일반 기업의 면접관들을 대상으로 조사한 결과들을 살펴보면, 신입사원 면접 시 태도 37.5%, 말투 31.8%, 외모 9.7%, 복장 9.1%, 표정 8.5%의 순으로 중요도를 두었으며, 적극적 이미지 26.7%, 성실한 이미지 21.6%, 신뢰감 14.8%, 자신감 11.4%, 유쾌함 7.4%의 순으로 합격 결과에 영향을 미친다고 응답하였다. 대부분의 기업들이 원하는 신입사원의 모습에는 큰 차이가 없고 채용 선발 기준이나 면접에서의 평가 기준도 유사하다. 다만 직무의 특성을 반영한 약간의 차이가 있을 수 있다. 항공객실승무원은 시각적 이미지를 중심으로 호감도를 형성하고 적극적인 이미지를 연출할 수 있어야 한다. 어학 실력은 기본으로 준비되어 있어야 한다.

면접은 해당 건물에 들어서면서부터 면접이 끝나고 건물을 나갈 때까지 계속된다는 생각으로 언행에 유의한다.

◉ 메이크업과 헤어스타일

항공객실승무원 면접에 적합한 용모복장은 청결함과 단정함이다. 메이크업도 마찬가지이다. 대부분의 지원자들이 메이크업과 헤어스타일에 관심이 많고 걱정도 많다. 과한 염색이나 펌은 단정함을 떨어뜨리고 객실승무직에 어울리지 않는다. 면접 당일 헤어숍에서 메이크업과 헤어를 준비하는 경우가 있는데 반드시 전문숍에서 관리를 받아야 하는 것은 아니고 본인의 선택이다.

만약 면접 시간이 오전 9시라면 전문숍을 이용할 경우 새벽 시간에 맞춰 미리 예약을 해야 하고 이른 시간부터 집에서 나와 숍에 들러 헤어와 메이크업을 하고 복장을 갖추고 면접장으로 오게 된다. 대부분 숍이 집에서 먼 경우가 많으므로 면접 전날 수면 시간이 줄어들 수 있다. 자신의 스타일을 잘 모르는 스타일리스트가 나의 스타일을 연출해 줄 때 나의 마음에 흡족하게 해줄 수 있을지는 미지수다. 항공객실승무원의 메이크업은 자연스럽고 밝고 건강한 이미지를 추구하는데 숍에서 화장하는 경우 그 취지를 알지 못하여 메이크업과 헤어를 과하게 연출해서 부담스러운 경우도 발생한다. 항공서비스 관련 학과를 전공하여 메이크업과 헤어 연출 연습이 잘 되어 있는 경우라면 전문숍을 통하지 않고도 충분히 면접에 적합한 외모를 연출할 수 있다. 본인이 직접 하는 경우 수면시간을 더 확보할 수 있다는 점과 나의 얼굴형에 어울리는 나만의 스타일을 빠른 시간 내에 연출할 수 있다는 것이 장점이다. 다만 본인이 전문가의 손길을 원한다면 숍을 다녀오는 것도 나쁘지 않다. 생각해야 할 것은 면접 때는 전문숍의 도움을 받을 수 있지만 채용되어 신입 교육에 입과하게 되면 매일 새벽에 메이크업과 헤어를 직접 해야 한다는 점이다. 미리미리 헤어와 메이크업을 연습해 두는 것이 좋겠다.

헤어스타일은 어떤 스타일로 해야 할지 고민이 될 것이다. 현직 항공객실승무원의 헤어스타일을 기준으로 하면 되고 서비스를 수행하는 데 적합한 스타일이면 된다. 긴 머리 여성의 경우 가장 일반적인 형태는 올림머리이다. 헤어를 단정하게 묶고 헤어망을 이용하여 번 모양으로 올려 고정하는 스타일이다. 이때 가르마 내지 앞머리의 볼륨은 본인에게 어울리도록 하면 된다. 헤어제품을 활용하여 잔머리가 정돈되도록 한다. 항공사에 따라서 포니테일 스타일도 괜찮다. 단발이나 커트머리의 경우는 단정하게 이마와 귀를 보이게 하고 헤어제품을 이용하여 단정함을 연출하면 된다. 긴 머리나 짧은 머리나 모두 이마를 보이는 것이 면접에 임할 때는 자신감과 단정함을 표현할 수 있는 좋은 방법이다. 만약 앞머리를 내려야 한다면 눈썹을 가리지 않을 정도로 길이를 조절한다. 대한항공의 경우 2, 3차 면접 때는 유니폼을 착용해야 하므로 유니폼에 어울리는 헤어와 메이크업을 준비해야 한다.

남성의 경우도 청결과 단정함을 기준으로 한다. 이발이 잘 된 상태여야 하고 뒷머리는 셔츠에 닿지 않도록 한다. 앞머리는 내리지 말고 옆이나 뒤로 넘기고 헤어제품을 사용 하여 머리가 흘러내리지 않도록 정돈한다.

◐ 복장

항공사에 따라 면접 복장 기준을 명시하기도 하므로 안내사항을 잘 살펴본다. 대한항공의 경우 1차 실무면접에서는 단정한 정장스타일의 반팔 블라우스와 무릎 라인의 스커트를 착용하면 되고, 2차, 3차 임원면접에서는 대한항공 유니폼을 직접 착용하고 면접을 보게 되므로 면접장에 오가는 길에 단정한 정장을 착용할 수 있다. 그 외 항공사들의 면접 복장은 대부분 반팔 블라우스와 무릎 라인의 스커트, 정장 구두 착용이 기본이다. 정장 착용 시 원피스도 가능하다. 예외적으로 진에어의 경우 청바지와 셔츠 또는 블라우스 착용으로 면접에 임하게 된다. 면접 복장이 많이 걱정된다면 해당 항공사의 유니폼을 살펴보고 비슷한 유형의 복장을 선택하면 무리가 없다. 자신에게 어울리는 색상과 디자인의 복장을 선택해야 대면호감도를 상승시킬 수 있다. 유의해야 할 점은 블라우스나 셔츠가 속이 비치는 경우 겉옷의 색상과 같은 계열의 속옷 착용을 한다는 점이다. 또한 여름에 면접에 임하더라도 스타킹은 반드시 착용한다.

남성의 경우는 일반적으로 정장을 착용하기 때문에 신뢰감을 줄 수 있는 진한 남색 계열의 정장 슈트, 흰색이나 연한 색 계열의 드레스셔츠, 밝으면서도 차분한 계열의 넥타이를 하면 된다. 넥타이의 경우 슈트와 어울리는 색으로 같은 계열도 좋다. 짙은 남색 계열의 슈트라면 진한 남색 바탕의 와인색 줄무늬가 있는 타이를 매면 어울린다. 남성의 정장 바지 착용 시 너무 타이트해서 몸에 달라붙거나 길이가 너무 짧아서 발목이 드러나지 않도록 주의한다. 구두는 정장용 구두를 신어야 하고, 깨끗이 닦아서 광채가 나도록 한다. 양말도 정장용으로 착용하도록 한다.

면접에 임할 때는 개성 연출에 중점을 두지 말고 단정함에 중점을 두어야 한다. 그러므로 면접에서는 가능한 액세서리를 하지 않는 것이 적절하다. 남성과 여성 모두 시계는 반드시 착용하고 그 외의 액세서리는 가급적 자제한다.

여성의 경우 귀걸이를 착용한다면 귀에 부착하는 형태로 단정한 디자인을 선택하는 것이 좋고, 목걸이의 경우는 안 하는 것이 좋다. 만약 목걸이를 하는 경우 크기가 작은 것이 적합하다. 목걸이가 의상 밖으로 보일 경우 비뚤어지게 되면 지원자의 자세도 비뚤어 보일 수 있고 단정함이 떨어지기 때문이다. 반지의 경우도 작은 것으로 1~2개 정도만 착용한다. 팔찌나 발찌는 적합하지 않다. 헤어 액세서리도 과하지 않은 것으로 선택한다.

최근 항공사의 용모복장 관련 규정이 많이 완화되는 추세이다. 반드시 올림머리를 해야 하는 것도 아니며 다양한 헤어스타일이 가능해졌다. 출근복장도 완벽한 정장에서 캐주얼 복장이 가능해질 정도로 변화하고 있다. 그러나 면접 장소에 갈 때, 면접에 임할 때, 공식 석상에 참여할 때는 용모복장을 최대한 단정하게 갖추는 것이 적절하다.

제 2 절   면접 준비 사항

면접 전날 면접장 위치, 거리, 교통수단, 소요 시간 등을 미리 확인하고 교통혼잡 여부도 확인하여 집에서 출발할 시간을 정해둔다. 면접시간보다 최소한 30분 이상 미리 면접장에 도착할 수 있도록 한다. 면접시간에 늦는 것은 성실성, 준비성, 책임감, 열정 등 모든 부분에서 감점 요인이다. 면접 당일 오전 헤드라인 뉴스나 기사를 살펴보며, 면접장까지 가는 길에 자기소개서를 살펴보고 예상 꼬리질문과 답변을 정리해 본다. 면접장에 여유 있게 도착하여 면접장 분위기도 살피고 마음의 안정을 취하는 것이 도움이 된다. 언행에 유의하며 면접 진행요원 역할을 하는 직원들의 안내에 따른다. 대기실에서는 본인의 면접 노트를 살펴보면서 면접 준비를 하고 대기실을 잠시 떠나야 하는 경우 진행요원에게 양해를 구한다.

진행요원이 호명하면 면접장으로 향하는데 조별로 이동한다. 면접장에 입장하기 전 다시 한번 옷매무시를 점검하여 비뚤어진 곳이 없는지 확인한다. 입장할 때 밝은 표정으로 어깨와 등을 펴고 자신감 있는 모습으로 자연스럽게 줄을 맞추어 걸어 들어간다. 정해진 위치에 서고 여성은 공수자세, 남성은 차려자세를 한다. 모든 지원자가 입장하여 위치하면 지정된 지원자가 전체 인사를 리드한다.

여성은 밝고 부드러운 표정으로 면접관들을 바라보며 턱은 당기고 목이 앞으로 빠지지 않도록 바른 자세를 취한다. 어깨는 힘을 빼고 자연스럽게 편다. 등과 허리를 곧게 하고 배는 약간 힘을 주고 내밀지 않는다. 손은 오른손이 위로 오도록 공수한다. 발뒤꿈치는 붙이고 발은 11자가 되게 하거나 발의 앞쪽을 15도 정도 오픈해도 된다. 무릎을 비롯해서 다리 전체를 붙인다.

남성의 경우도 밝고 부드러운 표정으로 면접관들을 바라보고 턱은 당기고 목이 앞으로 빠지지 않도록 한다. 어깨는 힘을 빼고 자연스럽게 편다. 등과 허리를 곧게 하고 배는 약간 힘을 주고 내밀지 않는다. 손은 왼손이 위로 오도록 공수한다. 발뒤꿈치는 붙이고 발 앞쪽은 30도 정도 오픈하는 것도 괜찮다. 다리는 전체를 붙이고 바르게 서 있도록 한다.

면접이 진행되는 동안 밝은 표정과 바른 자세를 유지하며 서 있고 불필요한 행동은 하지 않는다. 시선은 면접관들에게 두고 면접관이 여러 명인 경우 교대로 시간차를 두고 시선을 분배한다. 천장이나 바닥을 보거나 시선을 회피하지 않도록 한다.

면접관들이 질문하면 자신있고 성의있게 답변한다. 면접 중에는 바른 자세를 유지하며 성실하고 적극적인 태도로 임한다. 면접관이 면접을 마치겠다고 하면, 정해진 지원자가 마무리 인사를 리드하고 인사 후 들어온 순서와 반대로 퇴장한다. 퇴장 시에도 바른 자세로 정면을 보며 자신감 있고 자연스럽게 줄을 맞추어 걸어 나간다. 문을 닫고 나갈 때까지 긴장을 늦추지 말고 최선을 다하는 모습을 보인다.

제3절 면접 답변법

인사담당자들이 말하는 적절하지 못한 지원자들의 유형을 살펴보면 다음과 같다. 과대포장 스타일, 의기소침 스타일, 독불장군 스타일, 신뢰가 안가는 스타일, 불성실 스타일 등이다. 최소한 이러한 스타일의 지원자가 되지 않도록 노력해 보자. 우선 면접에 임할 때는 적극적이고 성실한 태도로 답변해야 하고 거짓말을 하면 안 된다. 자신의 생각과 논리를 가지고 설득력 있게 답변을 풀어나가야 한다. 잘 보이기 위해 거짓을 말하다 보면 계속되는 질문 속에서 결국 본인 스스로 자멸하게 된다.

1. 질문 의도를 파악한다

무작정 자신의 입장에서 답변하려 하지 말고, 면접관이 왜 이 질문을 하는지, 이 질문이 나의 어떤 역량을 확인하기 위한 질문인지 등을 생각해야 한다. 질문을 들으면서 면접관의 질문 의도를 파악하고 동시에 어떤 방향으로 답변할 것인가를 결정해야 한다. 질문 의도를 생각해 보지 않고 답변을 하면 동문서답이 될 수도 있다. 간혹 매우 당혹스러운 질문을 받을 때도 있다. 면접관이 직무와 전혀 상관이 없는 또는 매우 당혹스러운 질문을 하는 경우가 있는데 그것 또한 이유가 있다. 당황했을 때의 모습이 꾸며진 모습이 아닌 진짜 모습일 수 있으므로 확인하기 위한 경우 또는 서비스 현장에서 당혹스러운 일이 발생했을 때 어떻게 순발력 있게 대처할 수 있을지에 대해 확인하기 위한 것들이다. 이런 경우에는 자신의 생각을 차분하게 얘기하고 전혀 모르는 내용인 경우에는 자신이 아는 내용으로 자연스럽게 전환하여 답변할 수도 있다.

2. 결론부터 말한다

답변할 때는 결론부터 말한다. 면접에서 답변할 시간이 그리 길게 주어지지 않는다. 정해진 시간 내에 답변을 마무리해야 다른 지원자들에게 피해를 주지 않는다. 답변이 너무 길어지면 횡설수설하게 되고 면접관들도 집중력이 떨어져서 지원자의 답변을 흘려 듣게 된다. 면접관이 답변 시간이 너무 길어진다고 느끼면 지원자의 답변 도중에 멈추라고 할 때도 있는데 지원자는 아직 답변의 핵심이나 결론도 얘기하지 않았다면 하고 싶은 말을 못한 채 답변의 기회를 놓치게 되는 것이다. 평소 발표하고 보고할 때도 결론부터 말하는 연습을 하는 것이 도움이 된다.

결론부터 말할 때는 두괄식 스피치 또는 PREP 기법을 활용한다. PREP는 Point(결론), Reason(이유), Example(근거, 사례), Point(결론)의 약자이다. 즉, 처음에 결론을 이야기하고 그 결론의 이유를 설명하고 사례를 이용해 근거를 제시한 후 다시 한번 결론을 말하면서 답변을 마치는 순서이다. 자기주장만 있으면 설득력과 신뢰도가 떨어진다. 자신의 주장을 뒷받침해 줄 수 있는 이유와 근거(사례)를 제시해야 설득력이 있다.

PREP 기법

P　Point 결론

R　Reason 이유

E　Example 근거

P　Point 결론

3. 외우지 말고 키워드 중심으로 스피치한다

　자기소개, 지원동기와 같은 질문들은 기업 불문, 직무 불문 어느 면접에서나 나올 수 있는 질문이므로 기업과 직무의 특성에 맞는 준비를 해야 한다. 그러나 이것을 외우라는 말이 아님을 기억해야 한다. 많은 사람들이 답변을 적어 놓고 외우는데, 좋은 방법이 아니다. 열심히 외워서 준비했는데 막상 면접장에서 너무 긴장한 나머지 중간에 내용이 생각나지 않는다면 그 다음부터 면접은 실패했다고 봐야 한다. 본인이 답변을 못해서 스스로 긴장하여 다음 질문에도 백지상태가 될 뿐만 아니라, 면접관이 봐도 진솔한 답변이라기보다 외워서 줄줄 읊어 대는 모습으로 보이기 때문에 좋은 점수를 얻기는 어렵다. 준비했던 문항들만 면접관들이 질문하는 것도 아니므로 어떤 질문을 받을지 모르고, 외워서 준비한 질문이 아닐 경우에는 답변을 전혀 못하는 경우가 발생할 수도 있다.

　면접 준비를 하면서 막연하게 답변 준비를 하는 것보다 그동안의 기출 면접 질문들을 보며 답변을 준비하는 것이 좋은 방법이다. 기출문제를 통해 답변을 준비하는 것은 외우라는 것이 아니라 답변의 방향을 설정하고, 답변의 내용을 구성하는 연습을 하라는 것이다. 외우지 말고 키워드 중심으로 답변을 구성해 보자. 면접관의 질문을 들으면서 동시에 답변의 방향을 설정하고, 2~3개의 키워드를 떠올린다. 답변할 때는 그 키워드를 중심으로 풀어나가면 된다.

4. 답변의 길이를 조절한다

항공객실승무원의 면접은 조별로 진행되는 집단면접이다. 지원자 수도 많아서 조별로 할당된 시간은 제한되어 있다. 개인별로 답변할 수 있는 시간이 그리 많지 않다는 것이다. 그렇다고 답변을 너무 간단하게 단답식으로 하면, 성의와 열정이 없어 보인다. 또는 답변을 길게 하면 내용이 장황해지고 듣는 면접관도 집중력과 흥미가 떨어진다. 답변 시간은 1분을 넘지 않도록 하는데 한 질문에 대한 답변은 45초 정도로 하는 것이 적당하다. 그보다 짧으면 성의가 부족해 보이고 그보다 길어지면 장황하다. 답변 준비를 할 때 면접노트에 적어보고 직접 면접장에서 답변하듯이 말하면서 시간을 체크해 보면, 어느 정도 길이로 답변해야 할지 알 수 있다. 반복적인 훈련으로 일정 시간 내에 논리적으로 답변할 수 있도록 연습을 해야 한다.

5. 자신의 경험을 사례로 제시한다

답변할 때 자신의 주장을 먼저 제시하면 답변을 진행해 나가기가 수월하다. 답변을 듣고 있는 면접관도 지원자가 어떤 내용을 말하고 싶은지 어떤 생각을 가지고 있는지 내용의 주제를 알 수 있다. 그러나 지원자 자신의 주장과 생각만 나열한다면 우기는 것일 뿐 상대를 설득시킬 수도 없고 신뢰도가 떨어지는 답변이 된다. 대부분의 지원자들은 면접장에서 자신은 성실하고 책임감이 강하다고 말한다. 그러나 자신의 주장일 뿐 면접관은 믿기 어렵다. 그래서 자신의 주장을 뒷받침해 줄 수 있는 이유와 근거를 제시해야 설득력이 생긴다. 이때 근거를 제시할 때는 자신의 경험을 사례로 드는 것이 좋다. 경험을 사례로 말할 때 사실에 근거해서 '~을 했고, ~을 했으며, ~을 했습니다.'라고 나열만 하는 것은 의미가 없다. 자신의 경험 사실 중 어떠한 상황에서 본인은 어떤 역할을 하였고 어떤 기여를 하였으며 그 경험으로 무엇을 배웠고 느꼈는지, 다음 활동에서는 어떻게 개선되었는지에 대한 내용들이 나와야 한다. 그럴 때 듣는 사람은 말하는 사람의 주장을 믿게 된다. 면접관들은 다양한 질문들을 통한 지원자의 답변 속의 과거 경험들을 통해서 채용된 이후 기업에서의 활동을 예측할 수 있기 때문에 자신의 과거 경험 사례는 매우 중요하다.

경험 사례를 제시할 때 가급적 최근의 일을 말하는 것이 효과가 좋다. 신입사원으로서 면접을 보는데 초등학교나 중학교 때의 일을 얘기하는 것은 의미가 없다. 단, 어려서부터 지금까지 지속적으로 해 온 일이 있다면 그것은 좋은 사례가 된다. 경험이 부족한 지원자들은 면접관의 질문에 계속 한 가지 경험만을 말한다. 답변마다 각기 다른 사례를 제시할 수 있어야 한다. 학교생활은 물론 다양한 경험을 통해 자신을 발견할 기회를 가진다는 것은 지원자의 성실함, 책임감, 열정, 적극성, 도전의식 등을 뒷받침해 줄 수 있는 자산이 되기 때문이다.

6. 긍정적으로 말한다

답변할 때 가급적 긍정적으로 말한다. 단어 선택은 물론 문장의 구성까지 긍정적으로 말하려고 노력한다. 긍정적으로 말하기 위해서는 긍정적인 사고를 가지고 있어야 가능한 것이기 때문에 답변 스타일을 보면 지원자가 긍정적 사고를 가진 사람인지 부정적 사고를 가진 사람인지 알 수 있다. 특히 서비스를 수행해야 하는 객실승무원의 경우 긍적적 사고를 가지고 승객 응대 시 긍정적인 대화로 이끌어 가야 한다. 평소 긍정적으로 생각하려 노력하고 평상시 말할 때도 긍정적으로 대화하는 연습을 하는 것이 필요하다. 예를 들어 면접 질문에 대한 답변을 할 때 "신입이라 아직 잘 모르지만~" 식으로 말하는 것보다 "신입으로서 ~ 강점이 있습니다."라고 하는 것이 좋다. 또는 "~은 없습니다. 안 됩니다."보다는 "~ 대신에 ~은 어떠십니까? 확인해 보겠습니다."라고 말하는 것이 좋다.

7. 공격적인 질문에는 'Yes, but'으로 답변한다

간혹 지원자를 지적하거나 공격적인 질문 공세를 하는 경우가 있다. 그런 경우 "그건 아닙니다.", "그렇지 않습니다."라고 말하는 것보다는 "네, 그렇습니다. 그렇지만 ~을 하고 있고 ~한 계획을 가지고 있습니다."라는 식으로 답변하는 것이 좋다. 즉, 반박하고 싶은 지적이나 질문이라도 우선 상대를 인정하는 긍정의 답을 하고, 자신의 상황이나 견해를 밝히는 것이 듣는 사람의 입장을 불쾌하게 만들지 않으면서 자신의 생각도 말할 수 있는 방법이다. 처음부터 아니라고 답을 하다 보면 면접관과 지원자 모두 불쾌해지고 표정 관리가 안 될 수도 있으니 유의한다.

8. 신뢰 화법을 사용한다

일상적인 상황에서 대화할 때 "~요, ~죠"라는 요조체 말투를 주로 사용하는데 요조체는 상대방에게 친근감을 주기는 하지만 정중함이 부족하다. 공식적인 자리에 있을 때, 발표할 때, 면접에 임할 때는 정중한 말투를 사용하는 것이 어울린다. 그러나 평소에 사용하지 않던 "~다. ~까?"라는 다까체 말투를 사용하다 보면 어색해질 수도 있으니 연습이 필요하다. 정중한 화법(다까체) 70%, 친근한 화법(요조체) 30% 정도 사용하면 적절하고 답변의 신뢰도를 향상시킬 수 있다.

9. 쉬운 말을 사용한다

면접 답변을 준비하면서 독특한 것을 찾아서 튀어보려는 생각에 어려운 말을 찾아서 준비하는 사람들이 있다. 예를 들어 한자로 된 사자성어를 말하는데 무슨 한자인지 물어보면 모르는 경우가 허다하다. 또는 무슨 뜻인지도 모르는 전문 용어를 사용하는 경우도 있다. 지원자 본인도 잘 모르는 말이고 평소 사용하지 않는 말을 중요한 면접 자리에서 언급할 필요는 없다. 진솔한 자신의 이야기를 답변으로 구성하면 된다. 그런 모습이 면접관들을 더 감동시킬 수 있다. 어렵고 잘 모르는 말을 사용하는 것보다 구체적인 상황을 묘사하여 자연스럽게 전달되도록 하는 것이 더 좋다.

10. 경어와 존중어를 제대로 사용한다

경어와 존중어를 제대로 사용해야 한다. 요즘은 어른들과 함께 대화 나눌 기회가 적고 부모님과도 친구처럼 지내다 보니 경어와 존중어 사용에 미숙하다. 평소 사용하지 않던 존중어를 사용하려다 보니 아르바이트 하면서 "주문하신, 커피 나오셨습니다."라고 잘못 말하는 경우가 다반사다. 이것은 매우 잘못된 것으로 사물에는 경어를 사용하지 않는다. 또 압존법을 몰라서 실수하는 경우가 많은데 자신에게 윗사람이지만 듣고 있는 면접관보다 아랫사람이라면 말할 때 주의해야 한다. 예를 들어 "학과 선배님께서 ~한 조언을 해주셨습니다."라고 말을 하는 경우가 많다. 학과 선배가 본인에게 윗사람이어서 존칭을 붙이고 존중어를 사용하였으나 듣고 있는 면접관은 불편할 수밖에 없다. 그 선배가 면접관보다 아랫사람인데 극존칭을 붙이고 있으니 적절하지 않기 때문이다. 기본적인 존중어도 적절히 사용할 줄 모르는 사람에게 높은 면접 점수를 주지는 않을 것이다.

09

Chapter

실전 면접 질문

제1절 개인 신상 관련 질문

- 자기소개를 해주세요.

- 가훈은 무엇인가요?

- 감명 깊게 읽은 책(영화)이 있다면?

- 해외여행을 하며 한국인으로서 자랑스러운 적이 있었는지?

- 존경하는 인물을 소개해 주세요.

- 흡연에 대하여 본인의 견해를 말씀해 주세요.

- 외국인에게 한국의 관광지를 소개한다면 어느 곳을 소개하겠습니까?

- 당신의 생활신조는 무엇입니까?

- 당신의 강점(또는 단점)은 무엇입니까?

- 시각 장애인에게 노란색을 설명한다면?

- 술과 담배의 상관관계에 대해 설명한다면?

- 지원자는 부모님에게 어떤 딸인가?

월급을 타면 어떻게 돈을 쓸 것인지 만 원 단위로 말씀해 보세요.

30억 원과 승무원이 되는 것 중 하나를 선택한다면?

자신을 금액으로 환산한다면?

친구를 사귈 때 가장 중요하게 생각하는 부분은 무엇입니까?

가족과 의견충돌이 있을 때 어떻게 합니까?

개인적으로 자기계발을 위하여 하고 있는 것은 무엇입니까?

당신의 가장 큰 단점은 무엇이고 어떻게 극복해 나가는 편입니까?

평소 자기 관리 방법을 어떻게 하시는지 알려주세요.

사회생활하기에 나이가 다소 어리다고 생각하지는 않습니까?

조직 생활에 있어서 어려운 점이 생겼을 때 스트레스를 어떻게 감내할 수 있겠습니까?

조직에서 좋은 선후배 관계를 맺기 위해서는 어떻게 해야 한다고 생각하나요?

본인이 보완해야 할 내적 이미지 항목에는 어떤 것들이 있는지 말해보세요.

학생과 직장인의 공통점과 차이점을 말해보세요.

최근 가장 즐거웠던 일에 대해 말해보세요.

아름다움에 대한 본인의 생각과 이를 가꾸기 위한 본인의 노력은 무엇인가요?

자신의 이름으로 3행시를 짓는다면?

선의의 거짓말에 대해 어떻게 생각하나요?

사회생활에서 가장 중요한 것이 무엇이라고 생각하나요?

자신의 취미를 말씀해 주세요.

◦ 자신의 특기를 말씀해 주세요.

◦ 자신을 사물에 빗대어 표현해 본다면?

◦ 별명이 있습니까?

제2절 학교 생활 관련 질문

◦ 출신학교를 소개해 주세요.

◦ 항공서비스를 전공하셨는데 자신에게 가장 많은 도움을 준 과목에 대해 말해주세요.

◦ 우리 항공사와 출신학교의 공통점에는 어떤 것이 있다고 생각하세요?

◦ 항공서비스를 전공으로 선택한 이유는 무엇인가요?

◦ 본인의 학교가 다른 학교에 비해 가지고 있는 특별한 교육방침은 무엇입니까?

◦ 항공관련학과를 다니고 있는데 학교에서 배운 내용이 항공사에 입사했을 때 어떤 이익이 있을지 말해보세요.

◦ 승무원이 팀으로 일하는 것과 자신의 동아리 활동 경험을 관련지어서 말해보세요.

◦ 학창생활이 짧아서 아쉬운 점이 있다면 무엇인가요?

◦ 항공서비스과에서 배운 것이 업무에 어느 정도 도움이 될 것이라 생각합니까?

◦ 대학생활에 있어 가장 기억에 남는 것은?

항공서비스과를 전공한 학생으로서의 경쟁력은 무엇이라 생각하십니까?

학교 자랑을 해보세요.

본인의 전공에 대해 소개해 주세요.

제3절   서비스/객실승무직/항공사 관련 질문

우리 항공사에 지원한 동기를 말씀해 주세요.

면접을 위해 어떤 준비를 했나요?

면접 준비하면서 가장 어려웠던 점은 무엇이었습니까?

객실승무원으로서 일하는 데 자신의 최고 강점은 무엇입니까?

승무원이 가져야 할 자질 중 지원자에게 없는 것은 무엇인가요?

미소가 서비스에 왜 중요합니까?

당신이 우리 회사 사장이라면 가장 먼저 어떤 서비스를 만들겠습니까?

팀장의 지시와 부팀장의 지시가 상반될 경우 어떻게 하겠습니까?

당신이 생각하는 최악의 서비스를 어떻게 최고의 서비스로 바꿀 것인지 말해주세요.

인천국제공항의 단거리 노선이 점차 김포국제공항 중심 노선으로 바뀌고 있는데, 그 장단점은 무엇이라고 생각하십니까?

각 항공사들이 퍼스트와 비즈니스 클래스의 서비스를 개선하기 위해 많은 비용을 투자하고 있습니다. 그렇다면 이코노미 클래스는 어떻게 발전

시켜야 하는지 말해주세요.

고객을 감동시킬 수 있는 본인만의 서비스 전략은 무엇인가요?

본인의 어떤 점이 승무원이 되기에 적합하다고 생각합니까?

우리가 왜 당신을 뽑아야 하는지 이유를 말해보세요.

항공사 광고 중 가장 기억에 남는 광고는 어떤 것입니까?

승무원의 자질 중 가장 중요하다고 생각되는 것은 무엇인가요?

'서비스란 OO다.' 정의해 보세요. (서비스란 무엇인지 설명해 보세요.)

외국인을 응대하는 데 있어 가장 중요하다고 생각하는 것은 무엇인가요?

고객과 원활한 커뮤니케이션을 하기 위해 가장 필요한 것은 무엇이라 생각하나요?

승객과 언어로 의사소통이 안 될 경우 어떻게 하겠습니까?

고객만족과 고객감동의 차이를 설명해 보세요.

비행기에 탑승한 신혼부부에게 어떤 서비스를 해주고 싶은가요?

승객들에게 좋은 서비스를 해줄 수 있는 자신만의 노하우를 말해보세요.

승무원은 이직률이 높은데요. 일과 사람에서 오는 스트레스를 어떻게 극복할 수 있을까요?

지원자가 받은 최악의 서비스를 말해보세요.

고객과 승무원과의 공통점, 차이점은 무엇이라고 생각하나요?

본인의 서비스 경험을 이야기해 보세요.

어떤 고객이 상대하기 힘든 고객이라고 생각합니까?

우리 항공사의 최근 소식을 말해보세요.

승무원이라는 직업의 매력은 무엇인가요?

승무원의 가장 중요한 덕목은 무엇인가요?

OO항공에 입사했다고 가정하고 입사 3년차가 될 때까지의 자신의 계획에 대해 말해보세요.

OO항공의 발전 방향(비전)을 제시한다면?

OO항공 타본 경험이 있나요? 개선할 점이 있다면?

OO항공 본사에 와서 느낀 점을 말해보세요.

OO항공 하면 가장 먼저 떠오르는 것은 무엇인가요?

OO항공의 서비스상품 중 아는 것을 말해보세요.

최근에 읽은 OO항공의 기사를 말해보세요.

우리 회사와 자신의 이미지가 어느 면에서 잘 맞는다고 생각합니까?

승무직과 본인의 전공과는 어떤 관계가 있나요?

본인이 받았던 서비스 중 가장 인상 깊었던 서비스를 말해보세요.

우리 회사에 제안하고 싶은 서비스가 있다면 무엇인가요?

우리 회사에 지원하는 이유는 무엇입니까?

계속 우는 아이 때문에 주변 승객들의 불만이 폭주한다면 본인은 어떻게 대응하겠습니까?

항공사 서비스와 일반 서비스의 공통점과 차이점은 무엇인가요?

OO항공사의 기내식에 대해 얘기해 보세요.

OO항공사 유니폼의 장,단점에 대해 말해보세요.

OO항공사의 차별화된 서비스를 말해보세요.

우리 항공사 홈페이지의 장점, 단점을 말해보세요.

오늘 면접에서 떨어지면 다시 지원할 생각입니까?

승무원 말고 다른 직업을 선택한다면 어떤 직업을 선택하겠습니까?

혼들리는 기내에서 서비스 하던 중 고객에게 물을 쏟았다면 어떻게 대처하겠습니까?

승무원이 할 수 있는 무형의 서비스에 대해 말해보세요.

기내식 중 특별식(Special Meal)에 대해 말해보세요.

합격한다면, 언제까지 승무원으로 일하고 싶은가요?

항공요금 인상에 대해 승객들을 어떻게 설득시키겠습니까?

팀워크를 위해 무엇이 가장 중요하다고 생각합니까?

입사 후 얼마 안 되어 비행이 많이 힘들다고 느껴진다면 어떻게 하시겠습니까?

면접장에 들어오기 전 기다리는 동안 무슨 생각을 했습니까?

효과적으로 승무직을 하기 위해서 다른 어떤 지식을 보완할 계획입니까?

제4절　시사 교양 관련 질문

SNS 사용에 대한 긍정적인 면과 부정적인 면을 말해보세요.

요즘 인터넷 용어, 신조어 사용이 많은데, 이에 대한 생각을 말해 보세요.

요즘 가장 즐겨 보는 프로그램은 무엇인가요?

최근 뉴스 기사 중 흥미를 가졌던 것은 어떤 내용이고 그것에 대해 어떻게 생각합니까?

한국의 가요, 영화 등 세계적인 한류열풍에 대한 의견을 말해보세요.

(*최근 이슈가 되는 사회적 문제에 대해 질문이 나올 수 있음)

10 Chapter

항공사별 기출 면접 질문

1. 대한항공(KOREAN AIR, KE)

- 자기소개를 해보세요.
- 지원동기에 대해 말해주세요.
- 대한항공에 왜 지원하셨나요?
- 본인을 색깔에 비유해 보세요.
- 본인은 부모님께 어떤 딸입니까?
- 인생의 목표는 무엇입니까?
- 본인의 좌우명은 무엇입니까?
- 친구들이 자신의 성격을 뭐라고 하나요?
- 혼자 하는 여행을 어떻게 생각하나요?
- 자신을 한마디(또는 한 단어, 영어, 동물, 사자성어 등)로 표현해 보세요.
- 건강을 위해 하는 운동이 있습니까?
- 말라 보이는데 체력관리는 어떻게 하고 있나요?
- 평소에 즐기는 운동이 있다면 무엇인가요?

- 취미나 특기에 대해 말해주세요.

- 존경하는 인물 또는 롤모델이 있다면 소개해 주세요.

- 팀플레이를 할 때 가장 중요하다고 생각하는 것은 무엇입니까?

- 살면서 자신이 성공 또는 목표를 이루었다고 생각하는 것은 무엇입니까?

- 가장 기억에 남는 행복했던 순간은 언제인가요?

- 자신의 강점은 무엇이며 그것을 승무원 업무에 어떻게 잘 활용할 수 있을까요?

- 지금 가장 가고 싶은 곳(여행지)은 어디인가요?

- 다녀온 여행지 중에서 가장 기억에 남는 곳은 어디인가요?

- 휴일에는 무엇을 하나요?

- 여가시간에는 무엇을 하며 시간을 보내나요?

- 가장 좋아하는 음식은 무엇인가요?

- 가장 잘 만드는 요리는 무엇인가요?

- 무인도에 가져가고 싶은 물건 3가지를 정하라면?

- 제2외국어는 어떻게 공부했나요?

- 아르바이트를 하던 중 가장 힘들었던 점은 무엇이었나요?

- 어학연수를 다녀왔는데 그곳으로 다녀온 이유와 느낀 점은 무엇이었나요?

- 어학연수를 다녀오지 않은 이유가 있나요?

- 졸업 이후 공백기간 동안 무엇을 하셨나요?

- 본인의 40대에 어떤 방향과 목표를 가진 사람이 되어 있을 것 같나요?

본인이 경험했던 아르바이트 종류와 그중에서 어떤 일이 가장 힘들었나요?

대학에서 수강한 과목 중 가장 재미있었던 것은 무엇인가요?

항공 관련 학과를 전공했는데 전공 수업으로 무엇을 배웠나요?

전공과 승무원의 연관성은 무엇입니까? (항공서비스 전공이 아닌 경우)

전공에서 배운 것을 승무원 업무에 어떻게 활용하겠습니까?

학과에서 배운 과목 중 승무원으로 일할 때 가장 도움이 될 것 같은 과목은 무엇인가요?

가장 재미있게 들은 교양 혹은 전공은 무엇이고 그 이유도 말해주세요.

자신의 강점은 무엇이며 그것을 승무원 업무에 어떻게 잘 활용할 수 있을까요?

학점 관리 비법이 있었나요?

학점이 너무 좋은 것 아닌가요? / 학점이 매우 낮군요.

대학 시절 교내 활동할 때 친구들 사이의 갈등 경험이 있었나요?

교내 동아리나 단체에서 기억에 남는 활동이나 경험이 있다면 무엇인가요?

대학 시절 가장 잘했다고 생각하는 것은 무엇인가요?

고객이 외모에 대해 지적을 하면 어떻게 하시겠어요?

호텔서비스와 기내서비스의 차이점이 무엇이라고 생각하세요?

좌우명을 객실승무원과 연관시켜 보세요.

최상의 서비스는 무엇이라고 생각하나요?

- 감동적인 서비스를 받아본 적이 있으면 소개해 주세요.

- 서비스 관련 아르바이트를 해본 경험이 있나요?

- 서비스업 아르바이트를 하면서 칭찬받은 경험이 있나요?

- 아르바이트 중 기억에 남는 손님과 그 응대법은 어떤 것이었나요?

- 받고 싶은 서비스가 있다면 무엇입니까?

- 조직(팀)에서 중요한 것이 뭐라고 생각합니까?

- 팀원들 사이에서 불협화음이 생긴다면 어떻게 하실 건가요?

- 객실승무원으로서 전문성은 무엇일까요?

- 본인이 직장을 선택하는 기준에 대해서 말해보세요.

- 외국인 승객에게 추천해 주고 싶은 산은 어디인가요?

- 본인이 겪은 최악의 서비스에 대한 경험을 다른 지원자들에게 얘기 해 주세요.

- 가족과 일 중 어느 것이 더 중요하다고 생각하나요? 그 이유는 무엇 인가요?

- 돈은 왜 벌어야 한다고 생각하나요?

- 첫 월급 받으면 무엇을 할 계획인가요?

- 연봉 많은 직업과 적성과 능력에 맞는 직업 중 선택하라면 어떤 것을 선택할 건가요?

- 승무원과 지상직원 중 누가 더 힘든 업무를 한다고 생각합니까?

- 승무원 이외에 다른 직업을 선택한다면?

- 서비스가 무엇이라고 생각합니까?

- 본인이 경험했던 서비스 중 가장 좋은 기억의 서비스는 어떤 것이었

을까요?

승무원의 역할은 무엇이라고 생각합니까?

승무원이란 어떤 사람인가요?

승무원이 된다면 어떤 서비스를 할 계획인가요?

자신이 승무원의 자질에 부합된다고 생각하는 점은 무엇인가요?

승무원이 되면 가장 힘들 것이라고 예상되는 것은 무엇인가요?

입사 후 승무원이 적성에 맞지 않는다면 어떻게 하시겠어요?

승무원이 된다면 결혼 후 가정과 일을 어떻게 지켜나갈 계획인가요?

승무원을 준비하면서 가장 중점적으로 준비한 것은 무엇인가요?

객실서비스에 필요한 것은 무엇일까요?

기내 응급상황 발생 시 대처할 수 있나요?

어린아이가 긴 비행시간 동안 앉아 있는 것이 힘들 텐데 승무원으로서 어떻게 하겠습니까?

대한항공 승무원이 되면 좋은 점은 무엇이라고 생각하나요?

대한항공을 이용해 본 경험이 있나요?

대한항공을 이용했을 때 기억나는 승무원이 있으면 말해주세요.

대한항공이 취항하고 있는 중국 노선을 아는 대로 말해보세요.

경쟁항공사에 대한 대한항공의 전략 방향을 말해보세요.

현재 인천국제공항의 대한항공 국제선 출발 카운터의 위치를 알고 있나요?

대한항공의 이미지를 말해보세요.

대한항공의 유니폼 이미지를 말해보세요.

- 대한항공의 마일리지 제도에 대해 말해보세요.

- 대한항공의 인재상에 대하여 말해보세요.

- 대한항공에 대해 평소에 궁금했던 점을 우리에게 물어보세요.

- 어떻게 하면 20대 젊은이들이 대한항공을 많이 이용할 수 있을까요?

- 대한항공에 대해 알고 있는 것을 모두 말해보세요.

- 대한항공 광고 중에 가장 기억이 남는 것이 있다면 어떤 것이었으며 그 이유는 무엇인가요?

- 대한항공 광고를 새로 만드는데 추천하고 싶은 광고모델, 연예인이 있다면?

- 가장 최근에 본 대한항공 기사는 무엇인가요?

- 외국인에게 대한항공을 홍보해 보세요.

- 대한항공과 타 항공사를 모두 이용해 봤다면, 어떤 차이점이 있었나요?

- 대한항공 하면 떠오르는 이미지는 무엇인가요?

- 대한항공이 왜 당신을 뽑아야 하는지 이유를 말해주세요.

- 우리 회사 앱의 개선점이나 보완점을 말해주세요.

- 대한항공에 입사하면 실질적으로 가장 좋을 것 같은 점은 무엇이라고 생각하나요?

- 20대 여성 승객에게 할 수 있는 서비스 방법을 추천해 줄 수 있나요?

- 기내식으로 추천하고 싶은 음식이 있다면 무엇인가요?

- 대한항공이 취항하지 않는 곳 중에서 새로운 취항지를 추천해 주세요.

- 취항 노선 중 하나를 선택하여 왜 이곳을 취항했을 것 같은지 말해보세요.

어떤 질문을 받으면 가장 곤란할 것 같은가요?

외국인에게 추천해 주고 싶은 여행지는 어디인가요?

Paris에 가면 무엇을 하고 싶은가요?

오늘 이곳에는 몇 시에 오셨나요?

이번이 첫 번째 지원인가요? 그동안 지원하지 않은 이유는 무엇인가요?

지난번 공채 지원에서 실패한 원인이 무엇이라고 생각합니까? 보완해 온 것은 무엇인가요?

세 번이나 면접을 봤는데 왜 떨어진 것 같으세요?

오늘 지원자 중 가장 기억에 남는 지원자는 누구인가요?

면접이 끝나면 무엇을 할 예정인가요?

대기하면서 옆 지원자와 이야기를 했을 텐데 옆 지원자의 인상이 어떤가요?

마지막으로 하고 싶은 말이 있다면?

2. 아시아나항공(ASIANA AIRLINES, OZ)

살면서 가장 기뻤던 일은 무엇입니까?

자기 계발을 위해 개인적으로 노력하고 있는 것이 있습니까?

본인이 겪은 가장 큰 실패(좌절)에 대해 말해보세요.

평소 휴일에는 어떻게 시간을 보냅니까?

앞으로 하고 싶은 사회공헌 활동에 대해 말씀해 주세요.

존경하는 인물과 그 이유는 무엇인가요?

본인만의 경쟁력을 말해주세요.

◦ 대인관계를 좋게 하기 위한 본인의 노하우는 무엇입니까?

◦ 본인의 생활신조는 무엇입니까?

◦ 본인은 변화를 추구하는 사람입니까, 기존의 법칙에 순응하는 사람입니까?

◦ 봉사활동을 해본 적이 있습니까?

◦ 봉사활동을 통해 얻은 것은 무엇인가요?

◦ 자신의 이성관에 대해서 말해보세요.

◦ 결혼 배우자를 볼 때 어떤 부분을 중요하게 생각하나요?

◦ 자신이 소지한 자격증에 대해 말해보세요.

◦ 당신이 생각한 최고의 음식은 무엇인가요?

◦ 자신이 경험한 아르바이트에 대해 말해보세요.

◦ (제2외국어 전공자에게) OO어로 자기소개 해주세요.

◦ 졸업 후 지금까지의 근황에 대해 말해보세요.

◦ 건강관리를 어떻게 하는지 말해보세요.

◦ 최근에 읽은 책 내용 중 다른 지원자들과 공유하고 싶은 인상 깊은 책과 내용, 이유를 설명해 주세요.

◦ 살면서 성공한 경험과 실패한 경험이 있다면 소개해 주세요.

◦ 비행기를 이용할 때 가장 좋았던 서비스와 나빴던 서비스 경험에 대해 이야기해 보세요.

◦ 비행기 타면서 가정 불편했던 점이 있다면 말해보세요

◦ 취미나 특기, 자신을 어필할 수 있는 것을 말해보세요.

◦ 성형수술을 한다면 어느 곳을 하고 싶은가요?

살아오면서 부모님께 가장 처음 했던 거짓말과 가장 최근에 했던 거짓말은 무엇인가요?

인구가 점점 줄어드는데 자녀 계획은 어떻게 되나요?

요즘 살면서 가장 힘들었던 경험과 어떻게 이겨냈는지 말해보세요.

지금 가장 생각나는 사람은 누구인가요?

주변인들이 평가하는 지원자의 성격은 어떠한가요?

살면서 힘들었던 점과 그 당시 극복했던 방법은 무엇이었나요?

나만의 징크스가 있다면 무엇인가요?

졸업한 사람들이 많은데 학교생활로 다시 돌아갈 수 있다면 무엇을 하겠습니까?

자신과 친하고 자신에게 잘하는 친구가 있는데 이 친구가 제3자에게 자신의 욕을 하는 것을 알았을 때 어떻게 대처하겠습니까?

승무원이 되면 가장 하고 싶은 일은 무엇입니까?

승무원이라는 직업의 어려움은 무엇이라고 생각하십니까?

코골이가 심한 승객이 있어 주변 분들이 불만을 표하면 어떻게 하시겠습니까?

승객이 함께 사진 촬영을 해줄것을 요구한다면 어떻게 하시겠습니까?

만취한 승객이 추가로 술을 요구한다면 어떻게 하시겠습니까?

입사 후 적성에 안 맞는다고 느끼면 어떻게 하겠습니까?

근무 중 기내에서 졸리면 어떻게 졸음을 이겨낼 건가요?

직장생활을 하면서 아이를 키우는 것을 어떻게 생각하나요?

승무원을 준비하면서 무엇을 가장 중점적으로 준비했나요?

- 항공서비스와 일반서비스의 다른 점은 무엇인가요?

- 상사가 부당한 업무를 맡긴다면 어떻게 하시겠습니까?

- 상사와의 갈등이 생긴다면 어떻게 하시겠습니까?

- 승무원 이외에 하고 싶은 직업은 무엇입니까?

- 승무원으로서 중요한 자질이 무엇이라고 생각하십니까?

- 기저귀를 좌석에서 갈겠다는 손님이 있을 경우 어떻게 대처하시겠습니까?

- 승무원이 되기 위해서 본인이 노력했던 것들에는 무엇이 있습니까?

- 서비스란 무엇이라고 생각하십니까?

- 서비스가 무엇인지 한 줄로 설명해 보세요.

- 본인이 받았던 가장 나쁜 서비스가 있었다면 어떤 서비스였고, 본인은 어떻게 행동을 했나요?

- 기내에서 바퀴벌레가 나와 승객들이 놀랐다면 어떻게 대처하겠는가?

- 왜 승무원이 되어야 하는지 세 가지 이유를 말해보세요.

- 자신만의 특별한 서비스를 한다면 어떤 것이 있을까요?

- 승무원을 준비하면서 무엇을 가장 중점적으로 생각했나요?

- 다른 항공사와 비교했을 때 아시아나항공만의 장점은 무엇입니까?

- 가장 기억에 남는 아시아나항공의 광고는 무엇입니까?

- 아시아나항공 하면 떠오르는 이미지를 말해보세요.

- 아시아나항공과 저비용항공사의 차이점은 무엇인가요?

- 타 항공사와 비교했을 때 아시아나 연봉이 높은 편인가 낮은 편인가 보통인가 셋 중에 하나만 대답해 보세요.

본인이 아시아나항공의 캐빈승무원이 되기 위해 가장 노력한 것이 있다면 말씀해주세요.

아시아나 항공 하면 떠오르는 단어나 이미지는 무엇입니까?

아시아나 항공을 이용해 본 적 있나요?

아시아나항공을 이용해 본 경험이 없다면 그 이유는 무엇입니까?

아시아나항공을 이용해 봤습니까? 해봤다면 어떤 단점이 있었습니까?

아시아나항공 취항 노선 중 가보고 싶은 곳은 어디입니까?

아시아나항공에 입사하고 싶은 이유는 무엇입니까?

아시아나항공의 단점을 이야기해 보세요.

대한항공에 지원한 적이 있나요? 아시아나항공에 지원하는 이유는 무엇인가요?

아시아나항공과 무슨 색이 가장 잘 어울린다고 생각하시나요?

자신이 아니아나항공 광고를 만든다면 어떻게 만들고 싶은가요?

아시아나항공을 한 단어로 표현해 보세요.

경쟁사(대한항공)의 좋은 점을 한 가지 말해주세요.

아시아나항공 서비스에서 아쉬운 점이 있다면 어떤 점이 있나요?

기내면세품 판매 중 승객에게 무엇을 추천하여 판매하고 싶은가요?

아시아나항공 유니폼을 어떻게 생각하나요?

아시아나항공 모델을 보고 느낀 점이 있다면 무엇인가요?

면접장에는 어떤 방법으로 오셨습니까?

본인이 승무원 채용 면접관이라면 어떤 점을 중시하여 평가하겠습니까?

- 콜럼버스가 미주대륙을 발견한 연도를 말해보세요.
- 20대와 30대의 차이점은 무엇이라고 생각하나요?
- 과정과 결과 중에 중요하다고 생각하는 것은 무엇입니까?
- 국산 자동차 중에 미학적으로 뛰어나다고 생각하는 것은 어떤 것입니까?
- 산신령님이 소원 하나를 들어주겠다고 하면 무엇을 말하겠습니까?
- 다문화 가정에 대해서 어떻게 생각하는지 말씀해 보세요.
- 면접 끝나면 뭘 하실 건가요?
- 밖에 비가 조금씩 내리고 있는데 생각나는 게 있으면 간단히 말해보세요.
- 요즘 사회적으로 이슈가 되고 있는 문제를 한 가지씩 말해보세요.
- 면접이 끝나고 하고 싶은 것은 무엇인가요?
- 지금 당장 먹고 싶은 음식은 무엇인가요?

3. 제주항공(JEJU AIR, 7C)

- 간단히 자기소개 해주세요.
- 자기소개를 하되 최근 본 영화나 뮤지컬 이야기와 연결지어 말해주세요.
- 자기소개를 하되 제주항공 역대 모델과 연결지어 말해보세요.
- 가고 싶은 취항지 넣어서 자기소개를 짧게 해주세요.
- 자기소개 키워드 3가지(소확행, YOLO 등) 중에 하나 넣어서 준비된 사람부터 말해보세요.
- 색깔을 넣어 자기소개를 해주세요.

내가 살면서 꼭 해야겠다고 느껴 실천한 것은 무엇인가요?

본인이 여행해 보고 싶은 나라와 그 이유를 말씀해 보세요.

지금까지 했던 여행 중 가장 기억에 남는 곳을 말해보세요.

본인이 남들보다 뛰어난 점을 말해보세요.

본인을 동물로 표현한다면?

당신의 뇌 색깔은 무엇이라고 생각하는지?

최근 본 드라마나 영화와 느낀 점은?

본인의 인생관은 무엇인가요?

합격 창을 보고 난 뒤 기분은 어떨 것 같은가요?

자신의 강점이 있다면?

자신만의 스트레스 해소법이 있다면 무엇인가요?

아르바이트하면서 힘들었던 점이 있었다면 무엇이었나요?

승무원 생활 중 회사 사정상 일반직으로 배정받게 된다면?

존경하는 선배가 이직하자고 제안한다면 어떻게 하시겠어요?

승무원이 봉사하는 것이 꼭 필요하다고 생각하나요?

AI 발전에 따른 승무원의 비전을 말해주세요.

기내서비스는 안전이 중요한데 안전을 위해 본인이 했던 일들이 있었나요?

첫 월급 받으면 무엇을 할 계획인가요?

승무원에 어울리는 성격은 어떤 성격이라고 생각하나요?

왜 LCC 항공사 승무원이 하고 싶은지 말해주세요.

요즘 가장 하기 싫은 일은 무엇인가요? 입사하면 하고 싶지 않은 일도 해야 하는데 요즘에 어떻게 하고 있나요?

우리 항공사의 어떤 점이 가장 좋아 보였는지 말해주세요.

우리 항공사의 유니폼에 대한 본인의 생각을 말해주세요.

우리 항공사의 첫 번째 취항 노선이 어디인지 알고 계신가요?

10년 후에 제주항공은 어떤 모습일 것 같은가요?

신규 LCC가 도입되면서 제주항공에게 미칠 영향은 무엇이라고 생각
하나요?

다른 항공사에 지원한 적이 있나요?

면접을 준비하면서 기억에 남는 경험이 있다면?

제주항공의 핵심가치 중 하나를 골라서 본인과 연관 지어 말해보세요.

제주항공의 핵심가치 중 중요하다고 생각하는 것과 이유를 말해주세요.

제주항공에 대한 질문을 해보세요(면접자가 면접관에게 질문).

에어카페에 대해 아는 대로 설명해 주세요.

FSC가 아닌 LCC에 지원한 이유는 무엇인가요?

제주항공 만우절 이벤트에 본인은 무엇을 하고 싶은가요?

FUN 서비스 팀에 들어갔다고 생각하고 게임을 소개해 보세요.

제주항공에게 제안하고 싶은 서비스가 있다면?

비즈니스 캐주얼, 두발자유 문구를 보고 어떤 생각이 났었나요?

비즈니스 캐주얼 복장으로 면접 보는 것에 대해 어떻게 생각하나요?

본인이 채용담당자라고 가정해서 제주항공 승무원으로 뽑고 싶은 사
람은 누구인가요? (연예인, 운동선수 면접관들이 알 만한 사람은 다 가능)

제주항공 면접 후기를 많이 봤을 텐데 느낌을 말해주세요.

제주항공에 입사에 대한 열정, 희망 등을 다섯 글자로 표현해 보세요.

외국어로 책을 추천해 주세요.

오늘 면접 복장의 컨셉은 무엇인지?

자신 있는 외국어로 제주도를 소개해 보세요.

제2외국어 있으신 분들은 왜 어학특기자 전형으로 지원하지 않았나요?

마지막으로 하고 싶은 말이 있다면 무엇인가요?

마지막으로 하고 싶은 말이 있다면 20초 이내로 해주세요.

마지막으로 하고 싶은 말이 있다면 2초 이내로 해주세요.

재지원인 사람은 그때 왜 탈락했는지 그리고 어떤 점을 보완했는지 자세히 답변해 주세요.

4. 진에어(JIN AIR, LJ)

자신의 성격의 장점과 단점은 무엇인가요?

살면서 자기 자신이 자랑스러웠던 순간은 언제였나요?

자신만의 회사를 고르는 기준이 있다면 무엇인가요?

승무원이 되면 가장 먼저 하고 싶은 일은 무엇인가요?

최근 유튜브 등 개인 SNS를 하는 객실승무원들이 늘어나고 있는데 이에 대한 본인의 생각은 어떤가요?

승무원의 두발 자유화에 대해 어떻게 생각하나요?

항공기에서 흡연을 하면 안 되는 이유가 무엇이라고 생각하나요?

남자 혼자 여행 갈 곳을 추천한다면?

- 승무원에게 배려란 무엇일까요?
- 승무원을 준비하면서 승무원 업무 중 이것만큼은 나랑 안 맞을 것 같다는 것은 어떤 것인가요?
- 승무원의 자질 중 중요하게 생각하는 것 한 가지를 말해본다면?
- 가장 기억에 남는 최고의 서비스를 말해주세요.
- 여권과 비자의 차이점을 말해보세요.
- 손님은 왕이라는 것에 대해 어떻게 생각하세요?
- 진에어에 지원한 이유가 무엇인가요?
- 진에어 부산지점 홍보 방안이 있다면?
- 진에어의 이미지에 맞는 보딩뮤직은 어떤 것이 있는지 말해주세요.
- 진에어를 색으로 표현한다면?(연두색 제외)
- 진에어의 취항지 중 가고 싶은 곳은 어디인가요?
- 진에어에서 새로 취항할 만한 곳은 어디가 있을지 말해주세요.
- 진에어 하면 떠오르는 것은 무엇인가요?
- 새로 바뀐 진에어 유니폼에 대한 본인의 생각을 말해주세요.
- 진에어의 장점은 무엇이라고 생각하나요?
- 진에어의 나비 포인트에 대해 알고 있나요?
- 진에어의 광고 중 인상 깊었던 광고가 있었다면 어떤 것이었나요?
- 타 항공사에 비하여 진에어만의 차별점은 무엇이라고 생각하나요?
- 진에어 실습경험이 있으신데 실습 전과 후의 진에어에 대한 인상이 변화된 것이 있다면 무엇인가요?
- 진에어의 항공기 기종에 대해 알고 있는 것을 말해주세요.

진에어만의 특화 서비스에 대해 말해주세요.

승객들이 타 항공사가 아닌 진에어를 이용하는 이유가 무엇이라고 생각하세요?

진에어의 신규 취항지를 추천한다면?

진에어가 취항지를 정할 때 고려해야 할 기준이 있다면 무엇인가요?

진에어의 취항지 중 가보고 싶거나 가본 곳이 있다면 어디인가요?

기내면세품 판매에 추천할 아이템이 있다면?

B777-200ER (또는 B737-800) 항공기가 최대 어느 나라까지 비행할 수 있는지 아시나요?

진에어 승무원이 되어 손님을 맞이하면 어떤 인사말을 하고 싶은가요?

진에어를 이용해 보셨나요?

최근 본 진에어 관련 기사가 있나요?

진에어의 개선점이 있다면 무엇이라고 생각하나요?

5. 티웨이항공(T'way Air, TW)

자기소개 해주세요.

연봉과 적성 중 더 중요한 것은 무엇이라고 생각하나요?

삶의 목표가 무엇인가?

SNS를 하십니까?

나라에 비유해서 자기소개를 해보세요.

좋아하는 티비 프로그램이 있나요?

자격증이 많은데 다른 직업을 준비하다가 승무원에 도전한 것은 아닌가요?

- 본인의 장점은 무엇인가요?

- 부모가 되었을 때 어떻게 살고 싶은가요?

- 영화의 여주인공이 된다면 같이 출연하고 싶은 남자 배우는 누구입니까?

- 친구가 비행기에 처음 타서 긴장하고 있다면 어떻게 하실 건가요?

  (친구에게 하듯이 반말로 해보세요.)

- 본인은 도전적인 사람인가요, 안정적인 사람인가요?

- 본인은 인싸인가요, 아싸인가요?

- 이성친구와 동성친구를 사귈 때 무엇을 중요하게 보나요?

- 부모님께서 이것만큼은 지키라고 했던 것이 있다면 무엇인가요?

- 소중한 친구가 있다면 소개해 주세요.

- 자신만의 스트레스 해소법이 있나요?

- 최근 감명 깊었던 책이나 영화가 있다면 소개해 주세요.

- 자신의 성격을 색깔로 표현해 보세요.

- 본인이 여성스럽다고 생각하나요?

- 남녀가 친구가 될 수 있다고 생각하나요?

- 학교 공부 이외에 열심히 했던 것이 있다면 무엇인가요?

- 승무원을 많은 사람들이 하고 싶어하는데 어떤 이유 때문이라고 생각하세요?

- 항공 전공자인데 터프함과 세련됨 중 하나를 선택해 승무원 직무에 맞게 설명해 주세요.

규정을 벗어난 서비스를 한 적이 있나요?

직장인과 학생의 차이는 무엇이라고 생각하나요?

아르바이트 경험 시 고객과의 문제가 발생했던 경험이 있나요?

사무장님이 나에게 싫어하는 일을 시킨다면 어떻게 하시겠어요?

승무원은 워라밸에 충족되는 직업이라고 생각하나요?

연봉과 직업 적성 중 어느 것이 더 중요한 사항이라고 생각하나요?

기내면세품 중 추가하고 싶은 게 있나요?

티웨이항공이 한국의 항공사임을 알릴 방법을 추천해 주세요.

티웨이항공의 최근 광고나 마케팅 중 인상 깊었던 것이 있었다면?

본인이 면접관이라면 어떤 사람을 뽑겠습니까?

티웨이항공 CF 광고 봤을 때 느낀 점을 말해주세요.

어떻게 해야 티웨이항공이 더 발전할까요?

티웨이항공의 장단점을 말해주세요.

티웨이가 타 항공사보다 차별화해야 할 점이 있다면 무엇인가요?

티웨이항공 승무원이 된 후 가장 가고 싶은 취항지는 어디인가요?

티웨이항공에 대해 어떻게 생각하나요?

다른 항공사가 아닌 티웨이항공이어야 하는 이유를 말해주세요.

티웨이항공의 유니폼을 평가해 보세요.

티웨이항공의 부족한 점을 말해보세요.

SNS에서의 티웨이항공 홍보 아이디어가 있다면?

티웨이항공에서 해줬으면 하는 승무원 복지가 있다면 무엇인가요?

면접장 오기 전까지 무엇을 했나요?

- 면접 끝나고 할 일은 무엇인가요?

- 항공사 지원이 처음인가요?

- 옆 지원자에게 합격을 양보할 수 있나요?

- 최근 본 뉴스 중에서 가장 화났던 것은 어느 것입니까?

- 여행지를 추천해 주세요.

- 요즘 항공업계 이슈와 그에 대한 생각을 말해주세요.

- 면접 점수 100점 만점에 본인은 몇 점이라고 생각하나요?

- 최근 가장 화제가 되는 시사 뉴스가 있다면 무엇이라고 생각하나요?

6. 에어서울(AIR SEOUL, RS)

- 자기소개를 해주세요.

- 승무원을 언제부터 꿈꿔왔으며, 어떻게 준비를 했습니까?

- 이성을 볼 때 어디를 중요하게 보나요?

- 죽을 때 마지막으로 남기고 싶은 한마디가 무엇인가요?

- 인생을 살면서 가지고 있는 철학이 있다면 무엇인가요?

- 생활신조나 가훈이 있다면 소개해 주세요.

- 본인은 어떤 사람이라고 생각합니까?

- 존경하는 인물은 누구인가요?

- 살아오면서 가장 기뻤던 순간이 있었다면 언제였나요?

- 좋아하는 스포츠는 무엇인가요?

- 취미는 무엇인가요?

- 영어성적이 좋은데 어떻게 공부하셨나요?

졸업 이후 무엇을 하며 지냈나요?

본인만의 스트레스 해소법이 있다면 무엇인가요?

건강관리는 어떻게 하고 있나요?

선배들과 문제가 생겼을 때 어떻게 했었나요?

승무원이 힘든 직종인데 힘든 상황이 오면 어떻게 대처하시겠어요?

승무원이 되기 위해 준비한 것은 무엇인가요?

어떤 승무원이 되고 싶은가요?

승무원의 기본 자질 중 본인이 가지고 있는 것은 무엇인가요?

인턴이나 직장 경험이 있다면 말해주세요.

에어서울을 선택한 이유는 무엇인가요?

에어서울에 관해 읽은 최신 뉴스에 대해 말씀해 주세요.

에어서울에 대해 아는 것이 있나요?

에어서울 유니폼은 어떤가요?

에어서울의 CI에 대해서 말해주세요.

에어서울의 인재상을 알고 있나요?

본인이 에어서울에서 이것만큼은 자신 있다고 할 수 있는 것은?

(자신의 강점/장점)

LCC 항공사 중 가장 경쟁력이 있는 곳은 어느 항공사라고 생각하나요?

본인의 특기가 특화팀으로 발전할 수 있습니까?

에어서울의 SNS에 대해 말씀해 주세요.

에어서울 홍보모델로 적합한 인물에 대해 말씀해 보세요.

에어서울 홍보 방법을 제안한다면?

- 에어서울이 이것만은 하지 않았으면 좋겠다고 생각하는 것이 있나요?

- 에어서울의 차별화 전략을 제안해 보세요.

- 대형항공사가 아닌 LCC에 지원한 이유는 무엇인가요?

- 에어서울 승무원으로 나를 꼭 뽑아야 하는 이유가 있다면 무엇인가요?

- 에어서울 '여유유지' 중 좌석 간 넓이를 알고 있나요?

- 에어서울의 보유 항공기 기종과 취항지가 어디인지 말해보세요.

- 에어서울 취항지 중 가고 싶은 곳은 어디인가요?

- 지하철 임산부 좌석에 대해 어떻게 생각하십니까?

- 1차 면접에서 무엇을 중점적으로 볼 것 같은가요?

- 면접장에 오면서 무슨 생각을 하셨나요?

- 최근 읽은 책이 있다면 소개해 주세요.

- 면접 끝나고 무엇을 할 것인가요?

- 면접에 불참한 지원자는 어떤 사정이 있어서 불참했을까요?

7. 에어부산(AIR BUSAN, BX)

- 자기소개를 해주세요.

- 30초 자기소개를 해주세요.

- 지원동기를 말해주세요.

- 성격의 장단점을 말해주세요.

- 본인의 취미를 소개하고 본인 취미의 장점을 말해주세요.

- 자신의 고향을 자랑해 주세요.

- 즐겨 보는 프로그램은 무엇인가요?

최근에 본 책이 있다면 소개해 주세요.

체력관리를 어떻게 하나요?

부산에 친척이나 가족이 있나요?

본인은 팀을 이끄는 리더인가 팀원을 아우르는 리더인가요?

헤어와 메이크업을 직접 하고 왔나요?

다룰 수 있는 악기가 있나요?

성격을 한번에 바꿀 수 있다고 생각하나요?

자신의 강점은 무엇인가요?

아르바이트 경험이 있나요?

취업 전에 가고 싶은 여행지가 있다면 어디인가요?

인생의 롤모델이 있다면 소개해 주세요.

살면서 가장 힘들었던 경험은 어떤 것이었나요?

최근 관심사는 무엇입니까?

도전해서 성취한 경험이 있으면 말해주세요.

아름다움이란 무엇이라고 생각하나요?

5년 후 나의 모습, 40대의 나의 모습을 말해주세요.

승무원 어학 점수는 어느 정도여야 한다고 생각하나요?

승무원의 장점은 무엇이라고 생각하나요?

타지에서 어떻게 외로움을 극복할 것인가요?

기내에서 아이가 우는 상황에 어떻게 대처하겠습니까?

기내에서 다리가 불편한 승객이 비어 있는 자리로 옮겨 달라고 하면
어떻게 할 건가요?

학교와 직장생활은 다른데 대인관계나 사회생활을 어떻게 할 계획인지 말해주세요.

기내에서 무리하게 요구하는 승객이 있으면 어떻게 대응할 건가요?

승무원으로서 직업윤리란 무엇인가요?

입사 후 포부를 말해주세요.

요즘 취업하기 힘든데 취업하기 위해 노력한 것은 무엇인가요?

본인이 느끼는 에어부산의 이미지는 어떠한가요?

에어부산에서 본인이 가장 잘할 수 있는 서비스는 무엇인가요?

본인의 어떤 점이 에어부산 승무원과 어울린다고 생각하나요?

LCC가 해야 할 서비스란 무엇이라고 생각하나요?

에어부산을 타본 경험이 있나요?

에어부산을 타고 왔을 텐데 어땠나요?

미디어로 접한 에어부산의 이미지는 어떤가요?

에어부산 유니폼에 대해 어떻게 생각하나요?

고객 입장에서 항공사를 선택하는 기준은 무엇인가요?

에어부산에 입사하고 싶은 이유가 무엇인가요?

에어부산의 취항지에 대해 알고 있나요?

에어부산 취항지 중 가보고 싶은 곳은 어디인가요?

에어부산이 취항하지 않는 곳 중 취항지로 추천하고 싶은 곳은 어디인가요?

기내면세품으로 추천해 주고 싶은 아이템이 있다면 어떤 것일까요?

에어부산과 타 항공사의 차이점을 말해주세요.

에어부산의 기내서비스 중 고쳐야 할 부분은 무엇인가요?

에어부산 기종 중 NEO의 약자와 기종을 설명해 보세요.

면접 끝나고 무엇을 할 것인가요?

합격 후 가장 먼저 연락하고 싶은 사람은 누구인가요?

어제 면접 전날이어서 많이 떨렸을 텐데 어떻게 했는지요?

여성 음주에 대해 어떻게 생각하나요?

마지막으로 하고 싶은 말이 있다면?

8. 이스타항공(Eastar Jet, ZE)

자기소개를 해주세요.

졸업 후 무엇을 하셨나요?

본인만의 스트레스 해소법이 있다면 무엇인가요?

대학 전공 수업 중 가장 인상 깊었던 수업은 무엇인가요?

자신의 장점과 단점을 솔직하게 말해주세요.

본인의 취미와 특기를 말해주세요.

친구들에게 불리는 자신의 별명은 무엇인가요?

여가시간에는 무엇을 하며 시간을 보냅니까?

살면서 가장 행복했던 때는 언제인가요?

평소 체력관리는 어떻게 하고 있나요?

본인을 나타낼 수 있는 색깔은 무엇인가요?

존경하는 인물이 있다면 소개해 주세요.

서비스란 무엇이라고 생각하나요?

좋은 서비스란 무엇이라고 생각하나요?

서비스 경험이나 경력이 있나요?

기내서비스와 일반서비스를 비교해 보세요.

승무원의 힘든 점은 어떤 것이라고 생각하나요?

승무원의 가장 큰 임무는 무엇이라고 생각하나요?

승무원에게 가장 중요한 것은 무엇인가요?

승무원이 되기 위해 무엇을 노력하셨나요?

나의 장점과 승무원의 어떤 점이 연결되나요?

LCC 승무원이 FSC 승무원보다 경쟁력이 있어야 하는 이유는 무엇이라고 생각하나요?

이스타항공에 지원한 동기는 무엇인가요?

이스타항공에 지원한 경험이 있나요?

이스타항공의 이미지를 말해주세요.

이스타항공의 유니폼에 대해 어떻게 생각하나요?

이스타항공 유니폼의 단점이 있다면 무엇이라고 생각하나요?

본인이 이스타항공에 채용되어야 하는 이유가 있다면 무엇인가요?

이스타항공 탑승 경험이 있나요?

이스타항공의 취항지는 어디인가요?

이스타항공의 기내서비스에는 무엇이 있나요?

이스타항공에 대한 본인의 생각을 말해주세요.

이스타항공의 장점은 무엇인가요?

입사 이후 이스타항공에 어떻게 기여할 계획이신가요?

이스타항공의 신규 취항지로 추천하고 싶은 곳은?

저비용항공사는 어떤 서비스를 해야 한다고 생각하시나요?

이스타항공이 다른 LCC와 비교했을 때 강점이 있다면 무엇인가요?

이스타항공의 첫 홍보모델이 누구였는지 아시나요?

이스타항공을 탑승해 본 경험이 있으면 말해주세요.

본인의 전공을 살려서 이스타항공에 기여할 수 있는 부분이 있다면?

이스타항공의 발전 가능성에 대한 본인의 견해를 말해주세요.

이스타항공의 주고객층인 20~30대 여성들에게 어필하기 위한 방법
이 있다면 무엇인가요?

어떤 심정으로 면접장에 오셨나요?

첫 월급으로 무엇을 하겠습니까?

한국과 중국과의 정치적 문제에 대한 견해를 말해주세요.

중국 관광객에 대한 견해를 말해주세요.

참 / 고 / 문 / 헌

석은주(2013), 항공사 객실승무원의 직무교육이 직무가치 및 직업만족에 미치는 영향,
　　세종대학교 관광대학원 석사학위논문

대한항공 홈페이지 https://www.koreanair.com

대한항공 채용 홈페이지 https://recruit.koreanair.co.kr

아시아나항공 홈페이지 https://flyasiana.com

아시아나항공 채용 홈페이지 https://recruit.flyasiana.com

제주항공 홈페이지 https://www.jejuair.net

제주항공 채용 홈페이지 https://recruit.jejuair.net

진에어 홈페이지 https://www.jinair.com

진에어 채용 홈페이지 http://jinair.career.co.kr

에어서울 홈페이지 https://flyairseoul.com

에어서울 채용 홈페이지 https://recruit.flyairseoul.com

티웨이항공 홈페이지 https://www.twayair.com

티웨이항공 채용홈페이지 https://recruit.twayair.com

에어부산 홈페이지 https://www.airbusan.com

에어부산 채용 홈페이지 http://www.recruit.airbusan.com

저자 약력

석은주

세종대학교 호텔관광경영학 박사
세종대학교 관광경영학 석사

현) 명지전문대학 항공서비스과 교수

전) ㈜대한항공 20년 근무
　　㈜대한항공 객실승무부 수석사무장(부장)
　　㈜대한항공 객실승무부 라인팀장
　　㈜대한항공 객실훈련원 서비스 강사
　　㈜대한항공 객실훈련원 안전 교관
　　㈜대한항공 객실 안전심사관
　　㈜대한항공 신입승무원 채용 면접관

저자와의
합의하에
인지첩부
생략

알면 쓸모있는 면접전략

2022년 3월 10일 초판 1쇄 발행
2024년 3월 20일 초판 2쇄 발행

지은이 석은주
펴낸이 진욱상
펴낸곳 (주)백산출판사
교　정 편집부
본문디자인 구효숙
표지디자인 오정은

등　록 2017년 5월 29일 제406-2017-000058호
주　소 경기도 파주시 회동길 370(백산빌딩 3층)
전　화 02-914-1621(代)
팩　스 031-955-9911
이메일 edit@ibaeksan.kr
홈페이지 www.ibaeksan.kr

ISBN 979-11-6567-456-4 13320
값 13,000원